职业院校教师信息化教学能力提升培训教材（初级）

整合技术

Zhenghe Jishu

组　编　教育部职业院校信息化教学指导委员会培训专门委员会
主　编　钱东东
副主编　易顺明　宗小忠　李敏娇

高等教育出版社·北京

内容提要

本书是教育部职业院校信息化教学指导委员会培训专门委员会（筹）组织开发的《职业院校教师信息化教学能力提升培训教材（初级）》之一。本书内容意在提升职业院校教师的教学法运用能力，使教师能够将技术和装备与常用的教学法进行整合以取得更好的教学效果。本书力求帮助读者明确职业院校教师的职责和任务，掌握职业教育的特征和规律，了解教育对象和教学的基本规律及方法，掌握职业教育信息化的理论和提高信息化教学能力。全书共5章，内容包括信息传达及其对职业教育教学的影响，授导型教学法及其在职业教育教学中的应用，授导型教学法的信息化教学设计，信息化教学典型模式与案例分析和信息化教学评价方案与案例分析。本书的主要特点为基础、新颖、实用。

本书除作为职业院校教师信息化教学能力提升培训教材外，还可以作为职业院校教师在日常教学活动中进行自主学习的参考书。

图书在版编目（CIP）数据

整合技术／钱东东主编；教育部职业院校信息化教学指导委员会培训专门委员会组编．--北京：高等教育出版社，2016.4

ISBN 978-7-04-045249-5

Ⅰ.①整… Ⅱ.①钱… ②教… Ⅲ.①计算机辅助教学-高等职业教育-师资培训-教材 Ⅳ.①G434

中国版本图书馆CIP数据核字(2016)第074527号

策划编辑 洪国芬　责任编辑 侯昀佳　封面设计 张 志　版式设计 张 杰
责任校对 殷 然　责任印制 韩 刚

出版发行 高等教育出版社
社 址 北京市西城区德外大街4号
邮政编码 100120
印 刷 保定市中画美凯印刷有限公司
开 本 787mm×960mm 1/16
印 张 13.5
字 数 240千字
购书热线 010-58581118
咨询电话 400-810-0598

网 址 http://www.hep.edu.cn
http://www.hep.com.cn
网上订购 http://www.hepmall.com.cn
http://www.hepmall.com
http://www.hepmall.cn

版 次 2016年4月第1版
印 次 2016年4月第1次印刷
定 价 27.00元

物 料 号 45249-00

职业院校教师信息化教学能力提升培训教材（初级）

编写委员会

序 言

教师的教学能力决定教育的方式；教育的方式又决定人才的素质。我国的经济发展方式正在由粗放型转变为集约型，产业结构正在由能耗型转变为环保型，经济增长动力正在由投资拉动转变为创新驱动，这些都需要高素质人才队伍的支撑。因此，加快提高教师的教学能力，是对国民经济和社会发展的有力支持。

随着我国经济发展水平的提高，信息技术在教育教学过程中的应用越来越广泛，对学校和培训机构的教学过程与教学方式产生了深刻的影响，促进了学校教育和各类培训的教学改革。同时，也出现了一些值得注意的问题。例如，如何正确地运用不断更新的技术和装备，如何在新技术和装备的支持下创造更有利于培养高素质劳动力的教学方式，等等。要解决这些问题，需要对教师进行正确的指导，需要相关培训机构在深入研究的基础上对教师开展系统化的培训。

教育信息化是现代信息技术在教育领域各方面渗透、融合的过程。信息化教学是教师将信息技术和装备应用与教育教学过程充分结合，从而提高教学效率的现代教学形态。教师的信息化教学能力是教师开展信息化教学并取得更好教学效果的能力。为了指导和规范职业院校教师信息化教学能力提升的培训工作，教育部职业院校信息化教学指导委员会借鉴联合国教科文组织发布的“教师信息和通信技术能力框架”的内容，结合我国职业院校教师教学能力提升的需求，研究、编制了《职业院校教师信息化教学能力提升培训框架》。下表简明扼要地列出了培训框架的内容。

能力维度	能力等级		
	初级 （技能形成教育）	中级 （能力培养教育）	高级 （知识创新教育）
A. 信息化教学理念	模块 A1：信息化教学意识 具备职业教育教学改革政策知识，具有信息化教学改革相关意识	模块 A2：理解信息化教学 能够深入理解教改政策和技术装备在教学中的应用原则	模块 A3：信息化教学创新 深刻理解教学改革政策目标，能够设计、实施学校信息化教学发展计划

续表

能力维度	能 力 等 级		
	初级 （技能形成教育）	中级 （能力培养教育）	高级 （知识创新教育）
B. 课程组织与评估	模块 B1：技能形成 能在信息化环境下依据课程标准，采用适当的技术和装备实施课程教学，评估学生的学习效果	模块 B2：能力培养 深入理解课程内容，能在各种情境下灵活运用信息技术，设计复杂问题检验教学效果	模块 B3：创新教育 在教育心理学指导下，能够预测并解决学生学习过程中遇到的各种问题
C. 教学法运用	模块 C1：整合技术 能将信息技术和装备应用整合到教学过程中，运用适当的教学方法提升课堂教学效率	模块 C2：解决问题 能开展以学生为中心的项目驱动式教学，运用技术和装备使学生接触广泛的实际问题	模块 C3：探究学习 能结合学生感兴趣的课题，模拟探究式学习过程；构建情境，引导学生开展探究学习，掌握认知技能
D. 技术与装备运用	模块 D1：基本工具 掌握信息化教学基本技能，了解常用装备和工具的性能以及在教学中的使用方法	模块 D2：复杂工具 熟悉各种工具软件和网络，并能运用它们为学生提供资源、解决问题，进行监控和管理	模块 D3：综合技术 能够设计基于信息化的知识社区，并运用信息化手段支持培养学生的探究式学习技能
E. 课堂教学与管理	模块 E1：常规课堂 能够恰当使用信息技术和装备，在常规课堂教学中提高教学效果	模块 E2：协作学习 创建灵活的课堂学习环境，能运用信息技术整合以学生为中心的教学活动	模块 E3：学习型组织 能够培训同事并给予后续支持，建立和实施基于信息化的创新和持续学习社区
F. 学习与专业发展	模块 F1：信息素养 具备必需的网络知识和运用能力，以便获得更多的资源和知识，促进自身专业发展	模块 F2：网络学习 能创建和管理复杂项目，通过网络与同事和外部专家联系，支持自身的专业发展	模块 F3：数字化学习大师 能够持续地开展科研探索，在信息化平台上创建基于知识创新的专业学习社区

上表列出了职业院校教师信息化教学能力提升的六个维度，说明教师的信息化教学能力主要由六个方面构成，即信息化教学理念、课程组织与评估、教学法运用、技术与装备运用、课堂教学与管理、学习与专业发展。表中还列出了教师信息化教学能力的三个等级，即初级（能够胜任教授学生技能的教育）、中级（能够胜任培养学生解决复杂问题能力的教育）和高级（能够胜任培养学生知识创新能力的教育）。教师信息化教学能力的每一个等级对能力的六个维度发展水平的要求是不同的，这样就形成了对教师开展能力提升培训的 18 门课程（模块）。

由于教育信息化基础设施、教师素养、课程内容的不同，教师信息化教学能力表现得也不尽相同。有的地区教育信息化基础设施完善，教学改革意识较强，但是在教学法运用方面未能深入研究与实践；有的地区教师素养较高，但是教育信息化设施欠缺。因此，无论是教师个体还是教师队伍整体，信息化教学能力的表现都是不全面的，如下图所示。

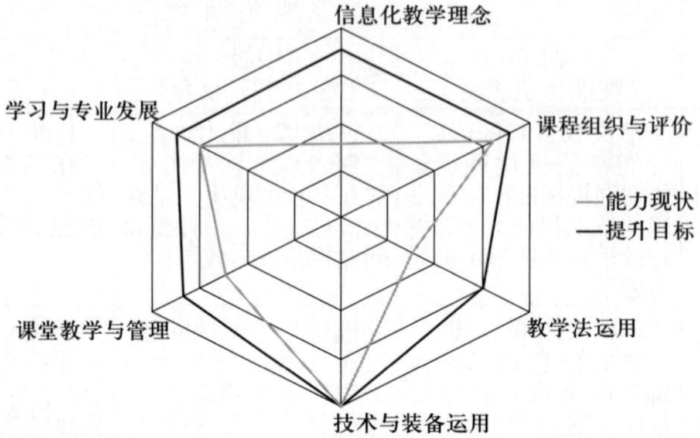

提高教师信息化教学能力的关键在于，在当前教师（队伍）信息化教学各项能力优势的基础上来改善能力不足的部分，使教师达到相应的教学能力水平要求，符合当地经济发展对人才培养质量的要求。

为加快推进职业教育信息化，并通过信息化促进职业教育现代化发展，教育部职业教育与成人教育司从2010年开始启动全国职业院校教师信息化教学大赛，至2015年已经举办了六届赛事。信息化教学大赛有力地推动了职业院校的信息化教学改革，促进了广大教师信息化教学能力的提升。为了配合大赛并引领和支持广大职业院校教师的职业能力发展，教育部职业院校信息化教学指导委员会培训专委会组织编写了这套“职业院校教师信息化教学能力提升培训教材（初级）”。全套教材共六本，分别是《信息化教学意识》（江苏谢传兵主编）《技能形成》（河南宋安国主编）《整合技术》（江苏钱东东主编）《基本工具》（浙江姚奇富主编）《常规课堂》（湖南袁晓玲主编）《信息素养》（山东徐红主编）。本套教材很好地诠释了职业院校教师信息化教学能力六个维度初级水平的要求，是开展教师能力提升的重要依据。

我国教育信息化正在快速发展，信息化教学改革创新在不断深化。本套教材将随着信息技术应用的发展，不断修订完善，为职业院校教师信息化教学能力提升提供持续的支撑。

教材的编写得到教育部职业教育与成人教育司教学与教材处刘俊博士的关注与支持，并得到高等教育出版社的大力帮助；许多职业教育信息化领域的同行也对教师培训框架和教材编写给予了很多指导，在此一并表示感谢。

武马群

2016 年 3 月

前 言

本书由教育部职业院校信息化教学指导委员会培训专门委员会（筹）组织，主要基于教育部职业院校信息化教学指导委员会研究开发的《职业院校教师信息化教学能力提升培训框架》的模块设计和模块培训大纲进行编写，用于对职业院校教师开展信息化教学能力提升培训。

本书主题为“整合技术”，即职业院校教师在教学过程中将信息技术和装备的应用与教学法进行整合，从而提升教学效果的能力。本书内容包括信息传达及其对职业教育教学的影响、授导型教学法及其在职业教育教学中的应用、授导型教学法的信息化教学设计、信息化教学典型模式与案例分析、信息化教学评价方案与案例分析，主要是围绕职业院校教师在信息化环境下开展授导型教学在教学运用方面应具备的基本能力而组织培训内容。

整合技术模块的培训目标是使教师掌握常用、有效的教学方法，并将多种技术、支持工具和数字化教学资源有效地整合到课堂教学中，使其成为课堂教学活动的重要组成部分，支持授导型教学，使教师能够判断在何种情况下需要使用何种信息技术和相应装备，并能够在课堂教学中进行适当整合与应用，提高教学效果。本书每章均以学习目标、情境描述和完成任务为开篇，旨在帮助读者形成概括性的内容框架；文中插图和小案例，旨在增强内容的可读性，引导读者对理论知识的理解；每章有课堂训练，旨在强化对章节内容的理解；每章后有实践任务和拓展阅读，旨在强化运用和操作；案例中用到的素材可通过发送电子邮件到 1548103297@ qq. com 来索取。

沙洲职业工学院钱东东担任本书主编并负责整体设计和统稿工作，易顺明、宗小忠、李敏娇参与了具体的编写工作。

在编写本书的过程中，作者参阅了大量的国内外资料，也借鉴了许多他人的研究成果，在此一并致谢！

由于编写周期较短，书中难免有疏漏或错误之处，恳请读者批评指正，以便修订完善。

编 者

2016 年 3 月

目 录

第1章

信息传达及其对职业教育教学的影响

学习要点

- 理解教学中运用的信息和符号。
- 理解信息传达的定义、特点，熟悉信息传达的基本模式。
- 阐述信息技术对信息传达的影响。
- 阐述教学中信息传达的种类及效果。
- 阐释职业教育教学对信息传达的新诉求。
- 阐释信息传达对职业教育教学的影响。

1.1 信息传达

学习要点

- 理解信息和符号的概念。
- 理解传播的概念。
- 熟悉信息传播的基本模式。
- 阐述信息技术对信息传播的影响。

情景描述

教育传播，信息传播的一部分，同样起源于人类从事社会生产和社会生活的需要，它经历了口语传播、文字传播、电子传播和网络传播几个重要的发展阶段。进入信息时代，教育传播受到了社会更多的关注。

伴随信息化进程的推进，新的媒体技术和信息传播机制给教育传播带来了深刻影响，如传统媒体在信息化教育环境中得到延伸、基于计算机和网络的教育媒体传播应用大量普及、移动媒体的不断创新及应用等。

完成任务

通过学习“信息传播的演进”，思考不同传播阶段的特点，谈一谈什么是信息，什么是传播，二者之间有何联系，信息技术对教育传播带来了什么影响。

知识与技能

1.1.1 教学中的信息和符号

1. 信息的定义与特征

“信息”（information）是一个既古老又年轻的词汇。“信息”一词来源于拉丁文，原意指解释、陈述。综合众多对信息的理解和定义，可以概括为以下 3 种不同的认识领域。①

其一，信息指消息、知识和情况。信息是一种可传播的消息，也就是人们在传播时所要告诉对方的内容；信息是可以被获取、加工、存储和处理的；信息是一种认识世界、改造世界的知识。

思考：信息与消息、信息与信号的关系。

信息是消息（message）的内核；消息是信息的外壳，如“这则消息没什么信息”。

信号（signal）是信息传送时的载体；信息是信号所表达的内容，如狼烟、交通信号、旗语、电报信号、光、声、电等。

其二，信息是减少或消除某种情况不确定性的东西。

其三，信息是关于事物运动状态和规律的表征。这个定义揭示了信息的本质。

从信息的本质出发，可以归纳出信息的以下特征：

① 信息是一种可以共享的资源。

---

① 南国农，李运林．教育传播学［M］.2 版．北京：高等教育出版社，2005：51 – 56.

② 信息具有知识的秉性。

③ 信息可以被传输和存储。

④ 信息可以被提取、加工和转换。

2. 教育信息

从狭义的角度考虑，教育信息主要指教育内容，如知识、技能、思想、观念等；从广义的角度分析，则还包括与传递教育内容有关的其他所有信息，如教育管理信息（上课铃声、学校规章制度等）、评价性信息（学习成绩、教学评估等）、干扰信息（电视图像抖动、教师语速过快等）等。从教育传播学的研究范畴看，对教育信息的研究主要侧重于前者。

教育信息具有信息的一切特性，但又区别于其他的科学研究信息，它具有如下特性①：

① 科学性。教育信息是已为前人所提取、处理并转化为人的科学认识的一部分的信息，它来自于人类长期的实践积累，经历了一定历史阶段的检验，因此具有较强的科学性。

② 目的性。教育传播活动是一项有目的有计划地培养社会所需人才的活动，作为教育传播系统重要因素之一的教育信息，具有明显的目的性，它制约于特定的教育目的和教学目标，服务于特定的教学对象，所选择和利用的教育信息均服从培养人的需要。

③ 系统性。教育信息不是零碎、无序的，而是经过专家精心编制的具有一定层次结构的知识体系。教育信息组织严密，讲究知识排列的梯度，并符合学习者的认知规律，如由浅入深、由易到难、由简到繁等，使学习者能循序渐进地掌握系统的知识与技能。

④ 共享性。教育信息不同于某些社会信息（如经济、科技、军事信息等），不存在保密性与限制性，可以为人类广泛地共享。教育信息共享的内容越深、层面越大，社会的文明程度也越高。教育传播活动的目标就是使教育信息能够实现最大范围内的共享。

⑤ 多样性。教育信息蕴藏在各种各样的载体中，如教科书、电视录像、计算机网络等；教育信息具有丰富的呈现方式，如优美的文字、精美的图片、逼真的动画等；教育信息可以使用多种传输通道，使学习者的多种感官共同参与传播活动，如在教学中所使用的互动式多媒体课件。

---

① 南国农，李运林．教育传播学［M］．2 版．北京：高等教育出版社，2005：64－65.

3. 教育传播符号

根据美国传播学之父施拉姆的观点，符号是人类传播活动的要素，符号代表事物，它能脱离参加传播活动的双方而独立存在。符号是负载或传递信息的基元，表现为有意义的代码及代码系统，如声音、图形、姿态、表情等。

传播符号随着人类传播活动的产生而产生，也随着人类传播活动的发展而发展。符号的分类如图 1-1 所示，大体上分为语言符号和非语言符号两大类。

- 符号
  - 语言符号
    - 自然语言
      - 口头语言
      - 书面语言
    - 人工语言
  - 非语言符号
    - 视觉性
      - 动态：身体语言、人机距离、运动画面等
      - 静态：标示、衣着、绘画、摄影、雕塑等
    - 听觉性
      - 类语言：笑声、哭声、呻吟、叹息等
      - 其他声音符号：乐声、鼓声、口哨声、汽笛声等

图 1-1　符号的分类

符号的本质涉及 3 个问题①：一是作为“代表”的符号；二是被代表的事物；三是符号所蕴含的意义。具体可以从以下 4 个方面来探讨：

① 符号代表事物。意大利符号学家艾柯在其《符号学原理》中写道：符号乃是一切用以在意义上替代他物的东西。因此，不管是语言符号还是非语言符号，归根结底都不是真实事物的本身，而是某种事物的代表。例如，“桌子”“书本”等符号，都只是代表某类事物，并非事物本身。地图并不代表土地，姓名并不等于所称呼的人。

② 符号的意义来自经验。任何符号都包含特定的意义，施拉姆认为：“对任何人来说，符号的意义就是这个符号所引起的一套情景、感情、腺和神经的活动。”在传播中人们所分享的只是符号，而不是意义，意义总是属于个人的。符号的意义来自经验，任何两个人，由于经验不一样，对于符号的理解也会不同，这是人们常常拥有同样的符号却无法沟通的根本原因。

③ 符号的意义因环境而异，因时间而异。符号常常由于传播环境的

---

① 南国农，李运林．教育传播学［M］.2 版．北京：高等教育出版社，2005：68－72.

不同而有不同的意义，如一个“√”的符号，出现在考试卷上，表示答对了题目，若用在人民法院对犯人的判决书上，则表示对该犯人处以死刑立即执行。符号的意义也会随时间的推移而改变，如人们对于“美”的理解随着时代的不同而不同。同样，“传播”“信息”这样的一些词，其含义也在发展和变化。

④ 符号具有外延意义和内涵意义。符号的外延意义表示符号与事物之间的代表性关系，是客观性的，它也是在字典上所表明出来的、能为大家共同认可的意义。符号的内涵意义则是指符号与概念之间的评价关系，它常常带有情感上的爱憎与评价上的高低等因素，是主观性的。

1.1.2 传达与信息传达

1. 传播

传播是人们通过符号、信号，传递、接收与反馈信息的活动；是人们彼此交换意见、思想、情感，以达到互相了解和影响的过程；世界处处充满了传播现象，生命的每时每刻都在进行传播活动，生命不息，传播不止。

正确地理解传播这个概念，有几点需要注意①：

① 传播一般是在两个以上的若干人中进行的。

② 传播是一种过程，以发出刺激为开头，以产生反应为结果，没有反应，不算传播。

③ 传播是一种互动，只有传播者的传递活动而没有受传者的接收活动是不会有传播产生的，反之也一样。

④ 传播必带信息，必经通道，传播者、受传者，以及信息和通道是传播的基本条件。

⑤ 传播需以符号和信号为中介，符号是信息的代表，信号是负载符号的实体，运用符号、信号表达意义，才能实现信息交流的活动。

⑥ 传播可以通过语言、文字，也可以通过音乐、图画、戏剧、舞蹈，甚至所有人的行为都可以是传递信息的媒体。

⑦ 传播的目的，在于分享信息，互相影响，建立共识，不断调节各

① 南国农，李运林. 教育传播学 [M]. 2版. 北京：高等教育出版社，2005：2-6.

自的行为态度。

⑧ 广义的传播，包括一种机器影响另一种机器程序的信息传播，即机器的传播，当然也包括自然界动物、植物之间的信息传播。

一般来说，传播的主要功能是沟通、协调、教育、娱乐。

2. 教育传播①

教育传播是由教育者按照一定的目的和要求，选定合适的信息内容，通过有效的媒体通道，把知识、技能、思想、观念等传送给特定的教育对象的一种活动。它是教育者和受教育者之间的信息交流活动。

全面把握教育传播的含义，不能只停留在原有概念定义的基础和框架内，而应该从传播的视角去探寻、分析教育传播的内涵。要关注教育传播的以下特点：

① 明确的目的性。教育传播是以培养人才为目的的一种传播活动。

② 受者的特定性。教育传播有特定的对象，例如大学的教材，不能用作中学的课本。

③ 内容的严格规定性。教育传播的内容是按照教学计划和教学大纲的要求严格选定的。

④ 媒体和通道的多样性。在教育传播中，教育者既可以用语言和手势等做媒体，又可以用板书、模型、幻灯、电视、计算机等做媒体；既可以是面对面传播，又可以是远距离传播。

教育传播的构成要素主要有教育者、教育信息、教育媒体和受教育者这 4 个，教育传播系统四要素之间有着 6 种关系：教育者—受教育者、教育者—教育信息、教育者—教育媒体、受教育者—教育信息、受教育者—教育媒体、教育信息—教育媒体，如图 1–2 所示。这 6 种关系，对于保证和提高教育传播效果都是重要的，都要处理好。

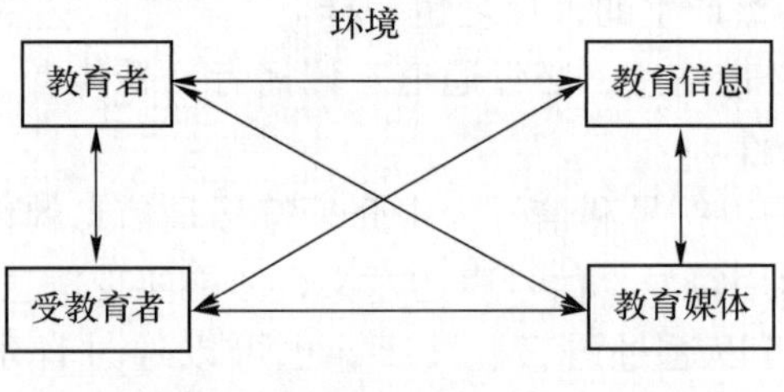

图 1–2　教育传播系统各要素之间的关系

① 南国农，李运林．教育传播学［M］.2 版．北京：高等教育出版社，2005：6－11。

3. 教育传播的基本模式与典型模式①

（1）教育传播的基本模式

教育传播的4个构成要素为传播者（教师）、受传者（学生）、教育信息和教育媒体，这4个基本要素在教育传播过程中缺一不可。由于传播活动是在一定的教育环境中进行的，因此外界的环境对教育传播过程的影响也不可忽略。由于受传者，即学生，是能动的个体，因此，教育传播活动就不应该是直线单向的，而应该反映教育传播所处的环境、受传者的反馈、传播渠道等多方面的因素。由此，可构建如图1-3所示的教育传播过程的基本模式框架。

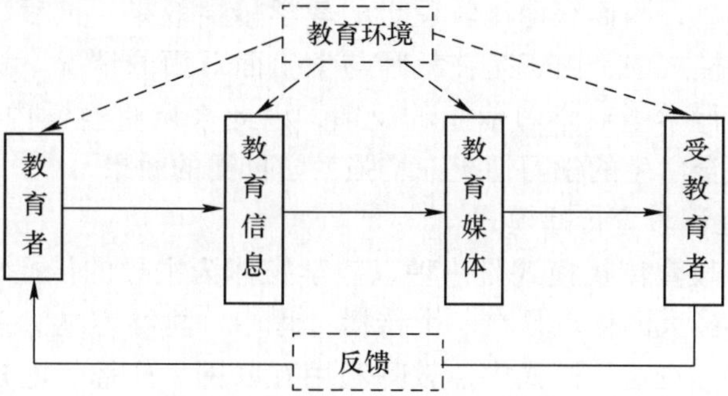

图1-3　教育传播的基本模式

（2）教育传播的典型模式

① 师生面对面教育传播模式。

师生面对面的教育传播模式中，教师是传播模式的主导中心如图1-4所示。

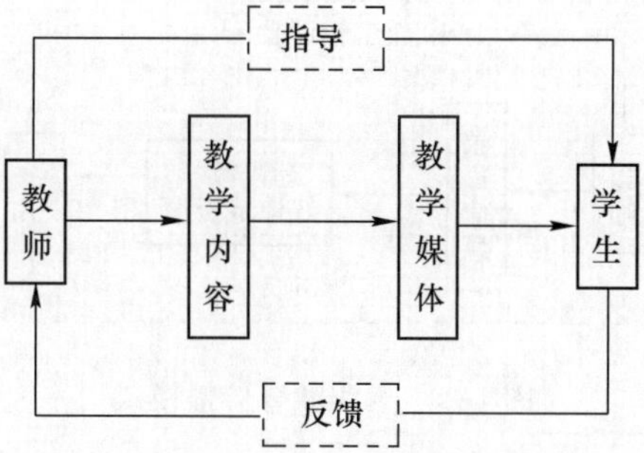

图1-4　师生面对面教育传播模式

① 胡钦太，胡小勇．信息时代的教育传播研究：理论与实践［M］．北京：高等教育出版社，2013：20－23.

这种模式特点：首先，教师能与学生面对面地运用其自身的肢体语言与表情神态作为教学媒体去传递教育信息，这就缩短了信息传递的通道，使学生有一种亲近感，同时提高了学生对教师所传达信息的领悟与理解能力，并且可以加深学生对信息的记忆，达到良好的传播效果；其次，教师可以采用黑板板书、挂图、模型、标本等多种教具和演示实验等传统与现代教学媒体去传达教学内容，同时还可以利用课堂上的光学投影、电视、电声和计算机等现代媒体把教学内容用形象生动的方式呈现出来，或者把上述多种媒体进行组合，从不同角度、不同层次去呈现与阐述教学内容，学生在多方位的刺激与引导下更容易接收教师所传达的教育信息，因而获得比较理想的教学传播效果；最后，在师生面对面教育传播模式中，由于是在教师与学生面对面的情况下进行的，因此容易即时获得学生对学习信息的反馈，以此来调整教学内容与教学媒体，使之更符合学生的学习情况，增强教学传播的效果。

② 远程教育传播模式。

远程教育传播模式是一种以教学媒体为主导的传播模式，如图 1-5 所示，其最大的优点是在一个传播过程中，能够容纳大量的学习者同时进行学习。在这一模式中，教师利用互联网、广播、电视等现代媒体远距离向受教育者传播教育信息，而受教育者通过各种现代媒体来接收信息，因此媒体的发展程度直接影响着教育传播的效果。学生在接收教师传达的教育信息的同时，可以利用媒体进行信息反馈，如可以用 QQ、微信、E - mail等网络工具。这种反馈并非学生与教师面对面的交流，因此反馈的效果比面对面交流要弱一些，且有时还不能得到及时的响应。

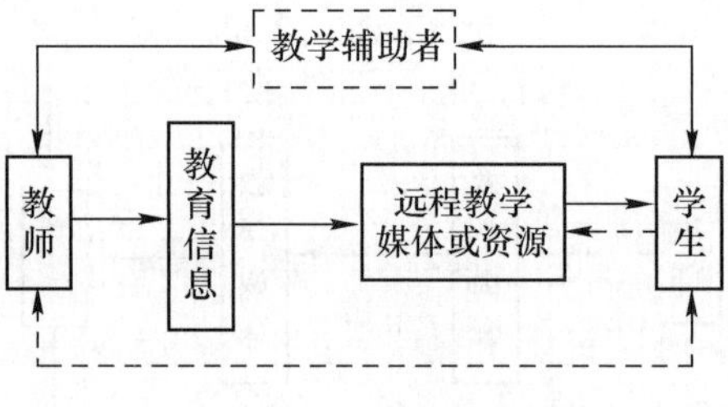

图 1-5　远程教育传播模式

③ 利用媒体自主学习的教育传播模式。

利用媒体自主学习的教育传播模式，又称自主探究模式，是一种以学生为主导的传播模式，如图 1-6 所示。在这种模式中，教师不再作为向学生传达教育信息的中介，而是学生根据自身的学习状况和需要，自主地直接通过各种教学媒体和资源来完成学习过程。在这一模式中，学生的学习有高度的独立性与主动性，作为教育传播活动的主体，能充分发挥主观能动性进行教育信息的选取与学习。教育者的角色作用主要体现在编制教学课件，或者通过设计教学媒体来间接地控制教学过程。

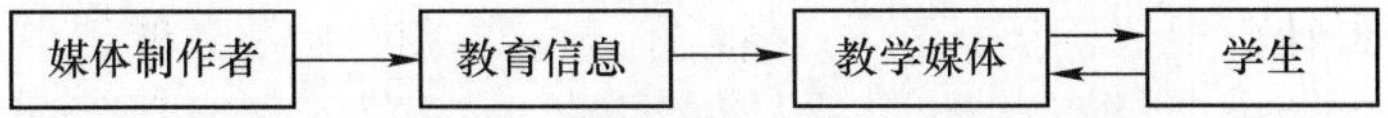

图 1–6　个人自主利用媒体自学的教育传播模式

④ 协作互动传播模式。

协作互动传播模式如图 1–7 所示，是一种灵活性很高的传播模式，其主体可以是师生互动，也可以是生生互动；协作互动传播模式的媒介可以是媒体，也可以让教师与学生或学生与学生直接进行互动；其方式可以是面对面的互动，也可以是远程互动。这种多重互动的传播，具有现代教育传播的突出特点，它既能发挥教师的主导作用，又能充分调动学生学习的积极性，极大地提高了传播的质量与效率。

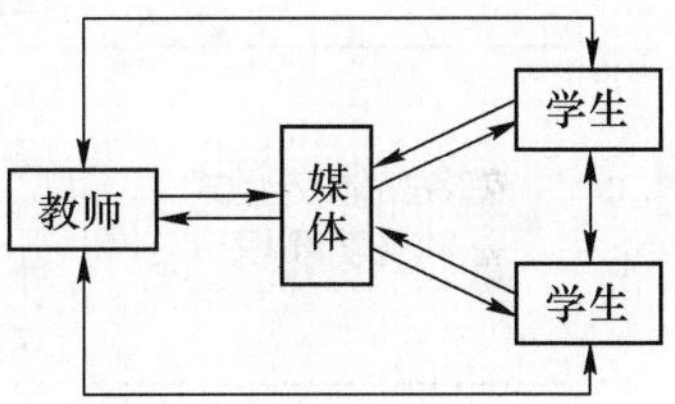

图 1–7　协作互动传播模式

1.1.3 信息技术对信息传达的影响①

1. 信息技术对教育传播内容的影响

信息社会是以快速、高效地传播和利用大量信息资源为主要特征的，人类的各种活动都较强地依赖于信息技术。有学者预测，在未来信息社会中，2/3 的职业都与信息有关，1/3 的职业则高度依赖于信息资源。因此，人们应当具备在信息化环境中工作、学习和生活的能力；获得、利用和处理各种信息能力，使用以计算机和各种通信设备为主体的先进信息工具的能力，即要求人们必须掌握有关信息技术知识。为此，在各级各类学校的教育中必须加入有关信息技术或计算机、通信技术、媒体技术等方面内容的课程，不同类别的学校均应开设程度不同的相关课程，培养学生的信息素养和媒体素养。

① 胡钡太，胡小勇．信息时代的教育传播研究：理论与实践［M］．北京：高等教育出版社，2013.

2. 信息技术对教育传播方式的影响

现代信息技术的内涵在信息时代转变为以计算机、多媒体技术和通信技术为主体，以个人自主的个别化学习和交互式集体合作学习相结合为主要学习方式。具体地讲，将会出现以下 3 种新型的教学环境，见表 1–1。

表 1–1 新型教学环境

教学环境	特点
远程交互式教学环境	所有学习者及教师在不同的时间内，通过同一学习内容而互相联系，开展讨论，形成交互学习。在学习内容、时间、地点和进度的安排方面，学生既有主动性，同时又给他们提供了与教师或其他学习者共同学习的交互环境
多媒体交互式教学环境	为教学提供逼真的表现效果，扩展了人的感知空间和时间，提高了主观对客观世界的认识程度；同时，提供图形、声音、语言等交互界面和窗口交互操作，使学习者通过各种灵活、方便的交互界面来操纵、控制学习，提高学习效果
个别化教学	各个学习者可以根据自身的不同特点来安排满足自己需求的教学进度，选择不同教学内容的学习

3. 信息技术对教育传播者的影响

教师的地位和作用主要表现在培养学生掌握信息处理工具的方法和分析问题、解决问题的能力上，为学生提供教育信息的传递和检索指导服务。

4. 信息技术对教育传播观念的影响

改变了传统的以教师为中心、以课堂为中心的传统教育方式。

课堂训练

1. 请谈谈教育传播中信息与符号的关系。
2. 请结合自身的教学，说说信息技术发展对教育传播的影响。

实践任务

1. 教育传播系统构成的四要素是指（　　）。

A. 教育者　B. 教育信息　C. 教育媒体

D. 受教育者　E. 教育效果

2. 下列关于信息描述正确的是（　　）。

A. 信息是客观存在的　B. 信息是受主观影响的

C. 信息具有知识的秉性　D. 信息是可以转换的

E. 信息是一种可以共享的资源

3. 请谈谈对“信息不等于传播”的理解。（出自法国多米尼克·吴尔敦（Dominique Wolton）的《信息不等于传播》）

拓展阅读

1. 拓展资料（一）：《教育部关于加快推进职业教育信息化发展的意见》

2. 拓展资料（二）：传播的类型①

传播一般可分为自然的传播、动物的传播、人的传播、机器的传播 4 大类。人的传播又可分为人的内在传播、人对人的传播两类。人对人的传播主要有人际传播（个人与个人之间的传播）、组织传播、大众传播和教育传播 4 种类型，如图 1-8 所示。

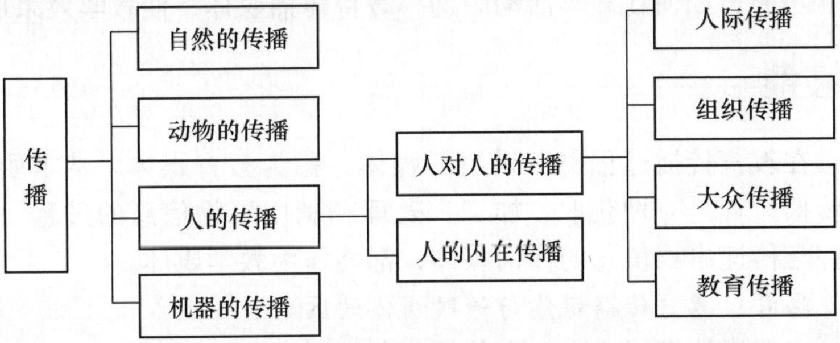

图 1-8　传播的类型

1.2 信息传达种类及效果分析

学习要点

- 阐述教学中信息传播的种类、特点。
- 阐述各类教学信息传播的效果。

① 南周农，李运林. 教育传播学［M］. 2 版. 北京：高等教育出版社，2005.

案例

教学媒体历史（PPT 文档）。

情境描述

媒体一词来源于拉丁语 Medium，意为两者之间。指信息在传递过程中，从信源到受传者之间承载并传递信息的载体或工具，也可以把媒体看作为实现信息从信源传递到受传者的一切技术手段。本章从媒体的定义入手，探讨教学中的媒体传播类型、特点及其选择。

完成任务

通过学习“教学媒体历史 . ppt”，思考用于教学中信息传播的媒体类型、功能，如何在教学活动中选择教育传播媒体，使教学效果最大化。

知识与技能

在教育传播过程中所采用的媒体，称为教育媒体。从本质上看，教育传播过程是一种获取、加工、处理和利用事物信息的过程，因此作为存储与传递事物信息的任何媒体，都能作为教学媒体。

思考：教育传播媒体与一般媒体的区别。

一般媒体发展成为教育传播媒体应该具备两个基本要素。一是媒体只有用于存储与传递以教学为目的的信息时，才可称为教育传播媒体；二是媒体在用于教学活动过程时，才能发展成为教育传播媒体。对于媒体使用者的教师而言，需具备使用教学传播媒体传达教学信息的技能。下面，从教学媒体的历史发展历程来探讨教学信息的传达及其传达效果分析。

1.2.1 语言信息的传达及效果分析

语言信息是人类接触最早的一种信息类别，可以追溯到早期的远古时期。通常人们接触到的语言信息有言语和体态语言两种，而在具体聚焦时多以前者为先。早期的语言信息传达，多发生于语言发出者和传达接受者面对面或者所处同一空间和时间内，且相距不远，这样信息传达更具有直接性和真实性，可以直接获得相应的信息反馈，是传达者和接受者之间同时存在的一种高效信息传达方式。但是这种传达类别也具有先天的缺陷和不足，如受地域条件的限制，传达者和接受者必须同时存在于相距不远的区域。随着信息技术的发展，语言信息传达打破了时间和空间的限制，接受者可以在不同时间、不同地方接收信息发出者传达的各种语言信息。如电话的出现，使二者可以实时地进行言语对话；即时聊天软件的开发使二者可以实时聊天，即时获得对方的语音信息。而且留言功能的实现，也使得二者可以离线获得语音信息。

1.2.2 文字信息的传达及效果分析

文字作为信息符号的产生，促使各种形式记录载体的出现，如我国考古出土的甲骨、简牍、青铜器等。直到纸的发明和印刷术的广泛应用，文字符号的信息传播才绽放出巨大的魅力。例如，在展示设计中，文字作为信息传达的第一载体是必不可少的。各种说明性的文字展板，可以有效地辅助其他信息载体，帮助受众深入了解文字信息所表达内容。

文字是视觉语言的重要元素之一，也是信息的最主要载体。从文字诞生以来，它就是人类记载生活、历史、生产经验的媒介，在仅靠语言无法满足保留、传递信息的时候，文字承担了传承和记载的作用，因此文字存在的第一重要作用就是准确明了地传递信息。在信息传达的过程中，文字信息有传达情感的功能，所以它必须要有视觉美感。巧妙的文字设计能使人感到愉快，留下很好的印象，从而获得良好的心理反应；反之，则使人产生厌恶的情绪，就会让受众拒而不看，这必然会导致受众接收不到作者想要表达出的意图和想法。例如，一则构思奇妙的广告语能够使受众过目不忘，这就需要设计者根据汉语言文学的魅力，设计简洁易懂、朗朗上口的标题，从而引导公众按照设计师的思路去思考、感受。

平面广告中的文字，除了文案本身的内容表达外，还包括文字本身的大小、字体、间距等。目前常用的文字有英文文字和中文两种，但是不管是英文还是中文，文字设计都必须遵守表达主题的要求，并与其内容一致。例如，在广告中，活泼有趣的文字造型生动有趣，有节奏鲜明的韵律感，色彩丰富明快，给人以生机勃勃的感受，适合儿童用品广告。

1.2.3 音频信息的传达及效果分析

音频信息传达一般包括两种形式，一种是广播式实时播放，另一种是基于录音载体录制的播放。广播式实时播放常见于广播电视台，是一种典型的一对多的音频传达方式。其优点是信息传达范围较广。然而也存在传达的途径较为单一，只局限于某一个区域，无法保存和发送的问题；此外这种音频传达方式还存在交互性较差，传达渠道只限于一对多受众，其中的受众无法反馈信息等问题。基于录音载体的录制的音频便于多次收听和保存发送，以及音频信息的进一步传达和扩散；但是这种音频信息的实时性较差，一般录制的都是已经发生的信息。

1.2.4 视频信息的传达及效果分析

影像作为一种依靠视觉和听觉来传达信息的动态载体，在展示设计中被广泛运用。影像可以承载的信息量远大于文字、图形和立体造型，并且在信息的传达方面具有显著的连贯性，传达的信息在时间上具有前后承接的特点。

在目前的信息传达中，通过影像的手段传达信息的方法被广泛应用，形式上也表现出了多样性和灵活性的特点。影像传达信息的时效性非常显著，同时这种优势使有限的展示空间在承载信息量方面得到了极大的扩展。

1.2.5 数字媒体信息的传达及效果分析

计算机数字媒体的产生使得多媒体及众多数字艺术形式应运而生。信息传达中用多媒体交互设计，使信息的传达突破了原有纯粹物质化的束缚，打破了传统概念上的时空界限，达到技术与艺术的完美融合，如在展示设计中，设计师在进行设计的时候，可以利用数字化的多媒体交互技术，最大限度地发挥自己的想象力，使观众能更充分地参与体验，以达到更加人性化的、高效的信息传达效果。从某种意义上说，多媒体技术也在改变着设计师的工作方式和方法。

立体化的信息承载形式也是计算机数字信息的重要形式之一，在空间中通常以带有长、宽、高的三维属性呈现出来。立体造型的构成，是由空间中点、线、面造型元素聚合而形成的。点连成线，线构成面，面围合形成体。立体造型承载的信息，正是通过构成立体的这些点、线、面的形态元素所表达出来。在设计中，人们可以把文字符号等线性形态转化成立体的造型，例如，展示空间中的主题性标题文字，经常采用立体雕刻的工艺，使文字产生凹凸的立体效果。立体造型承载的信息还可以以具象直观的形式表现，如微缩沙盘模型、仿真造景等。另外，立体造型在不同主题的风格化象征意义上，也起到了传达信息的作用，例如，在历史博物馆中，人们经常可以看到的仿古造型。

1.2.6 新媒体信息的传达及效果分析

在广义上，新媒体是相对于传统媒体而言的。有学者认为，只要是针对以前没有出现过的媒体形态，均可列入新媒体的范畴；狭义地讲，所谓新媒体就是利用信息通信技术，通过因特网、宽带局域网、无线通信网和卫星等渠道，以电视、计算机和手机等为终端，向用户提供包括视频、语音数据服务等各类资源和服务的新的传播形式。目前，应用于教育传播领域的新媒体种类很多，如博客、播客、搜索引擎、手机电视等，其中，有的属于新的媒体形式，有的则是新的媒体硬件、软件和信息服务方式，它们均丰富了教育信息传播的途径。

基于技术的教育传播新媒体分类见表 1–2。

表 1–2 基于技术的教育传播新媒体分类

	基于互联网技术	基于数字广播技术	基于无线网络技术
应用举例	搜索引擎、门户网站、网络电视、网络出版物、虚拟社区、网上即时通信等	数字电影电视、移动电视、楼寓视频、户外大屏幕等	手机信息、手机游戏、手机电视、手机报等
技术特点	互联网技术	数字广播技术	通信技术
通道	互联网络	广播电视网	电信网络
受众特点	大众—多元	分众—大众	大众—分众
效果	互动较多	互动少	互动强

课堂训练

1. 请为“教学媒体”下定义。

2. 阐述教学中信息传播种类及其特点。

实践任务

1. 根据自身对教学媒体的理解，对教学传播媒体进行分类。

2. 根据自身的教学经验，谈一谈自己在实际教学过程中是如何选择教学传播媒体的。

拓展阅读

拓展资料：相关网站

（1）全国信息技术标准化技术委员会教育技术分技术委员：http://www.celtsc.edu.cn/index.html。

（2）2015 中国职业教育虚拟仿真教学资源高峰论坛：http://xunimeeting.nerc.edu.cn。

（3）中国职业教育信息资源网：http://www.tvet.org.cn。

（4）职业教育数字化学习中心：http://www.icve.com.cn。

1.3 职业教育教学对信息传达的新诉求

学习要点

- 了解职业教育的特点。
- 了解职业教育教学对信息传达的新诉求。

案例

① 3D（三维）物流快递虚拟仿真实训软件。

② 船舶建造虚拟仿真实训系统。

情境描述

《关于加快发展现代职业教育的决定》提出要加快构建现代职业教育体系。尤其在第十八条明确指出，提高职业教育的信息化水平，支持与专业课程配套的虚拟仿真实训系统开发与应用。虚拟实训系统作为一种创新性的学习形式，推进了职业人才的培养模式创新，有助于提升学生的实践能力，从而提高职业人才培养质量。

完成任务

观看3D物流快递虚拟仿真实训软件视频和船舶建造虚拟仿真实训系统视频，思考教学传播的效果，讨论信息化时代职业教学有何新诉求。

知识与技能

职业教育多以就业（职业需求）为导向，是以技术技能训练为核心的教育，实践教学是重点。因此在探究职业教育信息化教学的今天，要抓住实训这一重要环节。虚拟现实与网络技术飞速发展，桌面仿真技术日臻完善，沉浸式仿真环境已屡见不鲜，分布式已多有应用，实物介入软硬结合的虚拟仿真系统在航海、军事教育等领域大显神通。职业教育的信息化建设若不能与时俱进，抓住国家信息化建设的潮流，改革意识和思想以及技术仍停留在10年前甚至20年前，摇摆不定，盲目跟风，就会偏离未来教育的主流发展方向，就会落伍，就不能为助推职业教育现代化做好服务工作。

我国职业教育未来的发展应该追求进一步的技术革新，虚拟仿真实训资源是教育技术革新中的重要组成部分，将会成为职业教育信息化的一大特色，它能够实现将3D场景带进课堂，将智能化工作过程逐一展现在学生面前，使学生与企业“零距离接触”。

虚拟仿真实训系统就是针对特定学科而设计的真实课件内容，并进行3D数字内容的模拟开发，借助3D虚拟环境或3D立体显示设备模拟该学科的训练环境、条件和流程，使教师和学生能够获得和真实世界中一样或者相近的实训体验，达到替代或者部分替代实际实训效果的作用。

虚拟仿真实训系统在职业教育领域有以下几个方面的优势。

① 创造实训环境。依托虚拟仿真、人机交互技术建立起来的虚拟仿真实训系统，可以逼真地模拟操作的流程，获得近乎真实的实训体验。

例如，搭设脚手架、护理过程、机械维修、起重机操作；逼真地模拟对工具设备使用，如对工具摆放环境的模拟、工具外形的模拟、对工具操作方式的模拟以及对工具操作效果的模拟。高度逼真的训练环境，使得学生能够获得生动直观的感性认识，增进对抽象原理的理解。

② 节省时间和成本。比起传统的实物实景教学以及单纯的实物培训，虚拟仿真实训系统能够大大地缩短建立实物和获取实训环境的时间，且可以获得真实环境中无法建成或者无法随意实现的场景，如爆炸场景、分子和原子结构，以及 DNA 结构等；而且一套虚拟实训系统可以多人同时、单人多次使用，大大节省了真实实训中原料的浪费，实现在更短的时间和成本内培养更高素质人才的目标。

③ 增加安全可靠性。虚拟实训系统大大地减轻了培训过程中因为失误而带来的负面影响，不再造成真实环境中涉及的人身伤害和环境危害，多次使用也不会浪费任何财力、物力，使用者可以通过虚拟培训熟练掌握知识原理和操作流程，日后上岗将应对自如。

④ 考评结合，提升教学效果。虚拟实训系统能够进行知识点、操作要点及工作流程的仿真实训考核，例如，设备及零部件的拆解、检查、调整与安装，以及测试设备的运转情况等，在考核的过程中，如果操作不适造成设备无法正常运转，结果会及时反馈给使用者，使用者可以根据反馈及时地修改操作，实现考评结合。

课堂训练

结合教学实际，谈一谈自己如何运用新媒体技术传播教学信息。

实践任务

1. 请说说你所知道的新媒体，并结合自身教学谈谈新媒体在教学信息传播中的应用。

2. 如何理解“职业教育与信息技术的深度融合”。

拓展阅读

拓展资料：增强现实技术

增强现实（Augmented Reality，AR），它是一种将真实世界信息和虚拟世界信息“无缝”集成的新技术，是把原本在现实世界的一定时间和空间范围内很难体验到的实体信息（视觉信息、声音、味道和触觉等），通过现代科学技术仿真后再叠加，将虚拟的信息应用到真实世界，被人类感官所感知，从而达到超越现实的感官体验。真实的环境和虚拟的物体实时地叠加到了同一个画面或空间，使其同时存在。

增强现实技术，不仅展现了真实世界的信息，而且将虚拟的信息同时显示出来，两种信息相互补充、叠加。在视觉化的增强现实中，用户利用头盔显示器，把真实世界与电脑图形多重合成在一起，便可以看到真实的世界。增强现实技术包括多媒体、3D 建模、实时视频显示及控制、多传感器融合、实时跟踪及注册、场景融合等新技术与新手段。增强现实技术提供了在一般情况下，不同于人类可以感知的信息。

AR 系统具有 3 个突出的特点，分别是真实世界和虚拟世界的信息集成；具有实时交互性；在 3D 尺度空间中增添定位虚拟物体。AR 技术可广泛应用在军事、医疗、建筑、教育、工程、影视、娱乐等领域。

1.4 信息化时代信息传达对职业教育教学的影响

学习要点

- 了解职业教育在信息化时代的特点。
- 阐释信息传达对职业教育教学的影响。

案例

视频 1：计量设备虚拟仿真实训系统。
视频 2：虚拟仿真教学——数控车床虚拟仿真实验。
视频 3：尔雅网络通识课登录学习操作介绍。

情境描述

“现代信息技术是实现国家发展战略的至关重要的基础力量，是改造职业教育传统教学模式的不二选择，是全面提高职业教育质量的重要手段，是提升学生可持续发展能力的重要途径，必须要以现代信息技术带动职业教育的现代化。”将信息技术合理地运用到职业教育中去，可以给职业教育提供新的教学方式方法，增加新的教学活力和生机，体现出信息技术的优越性。

完成任务

观看案例中的 3 个视频，请思考媒体在职业教育课堂教学中的特殊作用。

知识与技能

1.4.1 教学方式多样，突破教学难点

社会的信息化促进了职业教育教学模式的改进，并丰富了职业教育的教学方式，促进了教学方式的多样化发展。课堂讲授是最传统的教学方式，信息化条件下的讲授型教学在教学资源多样性和教学互动性等方面的支持下取得了突破性进展。信息技术支持下的个别自主学习突破了时间和地域的限制，学生利用网络教育平台生成的集成学习环境（包括多媒体学习系统、辅助学习系统、实践环境和师生交互环境等）中自主选择喜欢的课程进行学习。可以利用虚拟仿真软件，并带上特制的数据手套和头盔即可进入一个具有逼真视觉、听觉、触觉、嗅觉的模拟现实环境，并在这一虚拟环境中实验、操作和探索，完成模拟交互学习。传统的探索学习作为一种辅助教学方式，教师以权威者角色组织教学，问题由教师提出，学生利用从教师和书本资料中获得相关的知识信息，往往得出教师暗示、预设或直接提出的统一结论，失去了探索学习的真正意义。信息化条件下，学生利用网上教学资源和智能化教学环境进行探索，在问题的解决过程中，学生探索知识由被动向主动转变，教师只根据现场情况给予一定的启发和提示，而不是替学生做出结论或者给予学生具有暗示结果的信息，这样才能有效地激发学生的学习兴趣和探索精神，鼓励学生创造和发明。信息化教学的典型教学方式包括基于项目的教学、基于资源的主题教学、基于问题的教学、基于网络协作学习的教学、基于案例学习的教学及情境化教学等，这些教学模式体现了信息化时代的开放性、实用性、主动性、协作性、创新性和高效性等特点。

将信息技术应用于职业教育的专业课教学，有着传统教学不可比拟

的优势，为现代教育提供了足够的技术支撑，使传统教学中学生面向静态、呆板的课本和板书变成了多感官的刺激；使抽象的变得具体、形象；使看不见的变成看得见。应用多媒体技术进行教学，表现形式多种多样，既有声音又有图像，既有平面又有立体，它既能展示事物的表面，也能剖析事物的内部结构，它能将教学内容和教学方法多元性显示出来，可以化静为动、化动为静、化大为小、化小为大等，充分调动学生的学习兴趣，把教学难点简单化。例如，《液压传动》中的液压泵和液压阀一部分内容，关于各类泵的结构可以从实物、模型的观察中了解，可是它们的工作原理对于学生来说却较难理解，利用多媒体模拟液压泵和液压阀的工作过程，展示给学生看，再将其内部结构示意图用动画的形式生动地表现出来，学生直观地观察到液压泵和液压阀的实际工作情况，那么学生就容易理解它们的工作原理了。①

1.4.2 信息交流多元，提高师生互动

信息技术作为辅助教学的工具，除了能更好地传承理论知识外，还有利于师生之间的思想和情感的互动交流。例如，教育教学中最为常见的短信传递、网络聊天、微信交流、微博平台、课程论坛、在线教学等现代信息技术的运用是传统的教育教学所不能比拟的，也是传统教育教学比较难以实现的。现代信息技术的引入和运用拓宽了以往传统的、常规的教育教学中师生思想情感交流的渠道，而且这些渠道更为有效和便利。教学情境是一种社会互动的情境，教师与学生间要不停地交互，彼此沟通。这样的关系是一种动态的过程，是教师或学生将想要传递的各种信息，通过各种媒介传递至对方，并产生预期的效果。由此反应结果再回馈给对方，而形成良性的回馈循环系统。在师生互动过程中，教师与学生同时扮演着信息的传递者与接收者，两种角色相互影响，相互作用。

师生互动关系有以下 5 个特点：

① 师生互动的课堂教学是一个动态、连续、流通的教学过程，而非静止、孤立和凝滞的；只有开始，而无终止。

② 教师与学生的互动，必须借助有效的媒介，如语言、文字、行

① 陈晨．信息技术在职业教育专业课教学中的应用［J］．职业教育研究，2007（03）．

为、态度、情感等。

③ 师生互动的内容，其涵盖面比单纯的课本教材更广，除了认知、技能层面，还包含情感、态度、行为层面的内容。

④ 接收者将预期效果作正确而系统化回馈后，有助于师生间建立信息良性循环系统。

⑤ 以上几个特点，借助于现代媒体都能够较好地得到支持。

课堂教学师生互动过程应避免形式化、单一性和偏向性。师生双方必须拥有积极的态度与正确的价值观，教师还应熟悉与善用沟通技巧，包括传送信息的技巧（教师教授知识）和接收信息的技巧（教师接受学生反馈），与学生建立和谐关系，且要重视学生的感觉与情绪。师生共同教学，共同评价，让学生参与课堂教学中“教”的活动，激发学生主动探究，让教学活动“动”起来，师生互为补充。让学生参与课堂教学评价，培养学生的思维能力和民主意识，教师也可通过学生的评价全面了解学生，及时调整教学方法，提高教学效果。

1.4.3 理论结合实践，强化技能认知

职业教育以培养技术应用实践型人才为主要目标，理论知识的弱化，技能实训的强化是职业教育和普通高等教育的不同之处。职业教育对于实际技术的掌握要求比较高，特别注重实训的环节，通过实训不断地提升学生的技能和技巧。计算机网络技术允许学习者在网络上通过模拟现实中一些比较难以真实进行的实训项目来提高技能和技巧。

信息技术与专业课教学的结合，应充分考虑如何通过信息技术的优化组合和教学过程的最优化，启发学生积极参与课堂教学过程。充分调动学生动眼观察、动手操作、动脑思考、动口表达的积极性。有步骤地引导学生自己去探索，从而获取知识、掌握技能，达到知识和能力同步提高。信息技术融入教学，可以强化学生对工作现场的认识，适当弥补实习教学的欠缺。[①] 如结合生产实习，通过从现场摄制并经过整理加工的视频材料，辅以适当的图片、动画等素材，使学生对生产环境有更深刻、更全面的认识。信息技术融入教学，可以更方便地进行技术技能的

① 陈冰鸣．信息技术在现代职业教育中的应用．鞍山师范学院学报，2012（02）．

训练，既能提高学生学习的乐趣，又能适当节约教育经费。例如，汽车驾驶模拟系统，初学者可在该系统上练习，掌握一定的技能技巧后再上教练车实习，节约了成本，提高教学效果。

1.4.4 信息资源丰富，实现无缝学习

教学资源是指一切可以帮助学生达成学习目标的、显性或隐性的、可以为学生学习服务的教学组成要素。它包括一切可以用于教育、教学的自然条件、社会条件以及媒体条件等，是教学材料与教育信息的来源，即教学资源包括教学材料、教学环境及教学支持系统。数字化教学资源，就是将传统的教学资源数字化，专指用数字技术处理的可以在多媒体计算机与网络环境下运行的软件教学资源。

信息化教学资源是指支持教和学活动的学习材料、学习工具和交流工具等资源，是经过数字化处理或者经过再加工和制作的、可以在多媒体计算机与网络环境下运行的、能够展现相关知识节点内容的教学材料。简单地理解，信息化教学资源是指信息技术环境下的各种数字化素材、课件、数字化教学材料、网络课程和各种认知、情感和交流工具。信息化教学资源是以现代信息技术为基础和核心，支持教和学活动的所有因素和条件。它的目的是支持教学活动，使教学更有效地达成教学目标，其重要特征是以现代信息技术为依托，基本特征是处理数字化、传输网络化、检索快速化、呈现多媒体化、组织超链化，以及共享化和互动化。

信息化教学资源广义地理解可以分为 4 类，一是信息资源，包括各种数字化形式的且能够为教学所用的知识、资料、情报、消息等，如网页、电子文档、图片、文本、视音频、数据库、教育网站、虚拟软件库等；二是工具资源，指为教学服务的各种数字化软件工具，包括教学软件、认知工具、效能工具、通信工具等；三是环境资源，包括构成信息化物理空间的各种硬件设备，如计算机设备、网络设备、通信设备，以及形成网络虚拟空间的各类系统软件、应用软件等；四是人力资源，指通过信息化手段联系到的各种教师、教辅人员、教学行政管理者、专家、学者、学习伙伴等教学角色。

丰富的教学资源使线上线下的无缝学习成为可能，从时间维度看，课堂学习和课外学习进行了有效融合；即时交流和非即时交流进行了有

效融合；从空间维度看，跨越空间的学习实现了真实世界与虚拟世界的有效融合；从方式维度看，实现了两种融合，一是正式学习和非正式学习的融合，另一个是教学方法和教学活动的有效融合。学习资源的泛在性和环境的连通性使教师能够在无缝学习环境下针对不同的教学目标和不同的学生，结合多种教学法和教学活动进行教学。

与传统学习相比，无缝学习的优势是：首先，无缝学习优化了学习资源。学生能接触到比传统学习更多的学习资料和知识来源。网络资料、线上专家、同伴协作等都可以在无缝学习环境中转化为学生的学习资源。其次，无缝学习推进了个性化教育，有更大的灵活性，学生可以根据自身需要选择学习的时间和地点，自由掌握学习进度。第三，无缝学习提高了学生自主学习能力。当然，无缝学习在为学生提供更多选择的同时，也赋予学生更多的责任。在课外学习和合作学习中，学生有更多的机会掌控学习进度和学习目标，这也为培养学生成为自主学习者提供了良好环境。然而，无缝学习也对技术环境、教师和学生提出了挑战。对于技术环境来说，挑战主要集中在搭建学习平台、后期技术支持和技术的持续更新上。搭建学习平台，不但需要技术知识，还需要大量资金的支持。平台搭建好之后，也并非一劳永逸，只有提供后期的技术支持，才能应对师生可能面临的技术困难。同时，学习网络的更新也是持续性的，无缝学习技术环境的开放性要求学习网络随时融入新兴技术。

对教师来说，挑战主要集中在学习新的教学方式和教学理念，以及适应新的角色和技术培训上。在科技的支持下，新兴的教学方式和教学理念，如协作学习、慕课、翻转课堂等层出不穷。如何将这些新方法和新概念融入课堂教学，并根据学生的具体情况和学习目标进行适当的调整，对教师来说是一大挑战。另外，在无缝学习中，教师的角色从知识的传播者和课堂的权威变成了学习的辅助者。教师应该如何适应角色的转变，也是很大的挑战。第三，无缝学习中科技的应用，对教师的技术培训提出了挑战。掌握数字化教学工具和教学环境成为教师在无缝学习环境中进行教学的基本要求。

对学生来说，如何成为自主学习者和如何使用科技是两大挑战。在无缝学习环境中，学生有更多的机会掌控自己的学习。然而，传统课堂和应试教育培养出来的许多学生不具备自主学习能力。如何帮助学生学会制定学习目标、自我监督和控制学习，是新时期教师新的挑战。

1.4.5 模拟真实实验，增强感性认识

职业教育中，实验教学和演示实验是专业课教学的重要环节，在现实的教学中有些难度比较大的内容，教师很难通过讲述来将其生动地表达出来，仿真系统能够在一定程度上模拟出现实环境，将那些难题以比较生动的形象模拟出来，学生也可以利用这些仿真软件进行仿真训练。[①] 例如，《模拟电子技术实验与习题》中的《模拟电子技术实验》，在每一章节的教学中都要求学生实际动手制作并调试每个单元电路。在传统的电工电子实验室，由于实验环境和实验条件的限制，有些实验无法操作或实验结果往往与理论不一致，甚至出现相反的数据，而通过多媒体技术模拟实验的辅助作用，模拟一些重要的、在现实实验环境下难以完成的物理实验，则可弥补常规实验仪器的不足，提高实验的演示效果。

虚拟现实（Virtual Reality，VR）也称灵境技术或人工环境。虚拟现实是利用计算机模拟产生一个3D空间的虚拟世界，提供关于视觉、听觉、触觉等感官的模拟，让使用者如同身临其境一般，可以及时、没有限制地观察和操作3D空间内的事物。这个概念包含三层含义，第一，虚拟现实是用计算机生成的一个逼真的实体，“逼真”就是要达到3D视觉、听觉和触觉等效果；第二，用户可以通过人的感官与这个环境进行交互；第三，虚拟现实往往要借助一些3D传感技术为用户提供一个逼真的操作环境。

虚拟现实是一种多技术、多学科相互渗透和集成的技术，具有更高层次的集成性和交互性，研究难度非常大。但由于它是多媒体应用的高级境界，应用前景十分看好，而且某些方面的应用甚至远远超过了这种技术本身的研究价值，这就促使虚拟现实成为多媒体研究中十分活跃的一个领域，在展览、医学、娱乐、艺术与教育、军事与航天工业、室内设计、工业仿真、军事模拟、游戏等各方面都将有广泛的应用。

在职业教育中应用虚拟实验教学系统具有很多优点，主要表现在以下几个方面。

① 优化和功能全（虚拟设备和设施易于升级和优化）。

② 低成本（元器件和设备库可以无限复制和组合，减少人为损坏以

---

① 任剑岚．职业教育与信息技术的深度融合［J］．教育与职业，2015（02）．

弥补实际教学不足）。

③ 无危险（应用虚拟实验系统进行有毒的化学实验和高压强电实验，可以免除对人身伤害的风险）。

④ 网络化（利用 Web 提供的协同虚拟技术，可以实现多人合作、远程实验和协同操作）。

1.4.6 媒体参与评价，丰富评价手段

哈瑞顿曾经指出：评价是关键，如果不能评价就不能控制，如果不能控制，就不能管理，就不能提高。如此看来评价的重要性不言而喻。以往教学评价过程中存在教学评价目的不清晰、教学评价过程不完善、评价内容片面化、评价标准不灵活等问题，授导式教学强调媒体的参与性，不仅仅体现在教学活动过程中，也融入了后期的教学评价。媒体参与评价作为一种全新的评价工具，以“评价促发展”作为评价的基本理论，记录了学习者的思维过程、问题解决的过程和学习的全部过程，为教师提供了进行针对性教学的良好依据，学习者自身也可以从对学习过程进行自我反思和自我评价中获得自我的提升、自我的改进和自我的进步，同伴之间也可以进行相互之间的评价，相互学习，取长补短，共同进步，如电子档案袋。其存在着如下独有的一些特点。

1. 评价主体多元化

在传统的教学评价中，教师是唯一的评价主体，考试是唯一的评价方式。而媒体参与评价打破了教师片面评价的局面，评价的主体可以是教师、学习者自己、学习者伙伴和家长。评价从不同的角度，不同的视角对学习者进行评价，使得对学习者的作用也有不同的结果。

2. 评价的个性化、公平化

传统的教学评价只是单纯地通过考试的方式进行，不同的学习者面对的是同样的考试，相同的时间段、相同的环境、相同的试题和相同的方式，表面上是公平的，但却忽视了学习者不同的认知水平、不同的文化背景、不同的学习风格、不同的家庭背景等，事实上是不公平的。然而，媒体参与改变了传统教学评价的诸多不足，学习者可以选择自己擅长的方式、熟悉的工具去发挥自己的能力，展现个人对主题的独到见解。这充分体现了媒体参与评价的公平性和学习者学习的个性化，也更有利于学习者多元智能的全面发展。

3. 以学习者为中心

在传统的教学评价里，教师对教学内容、教学目的、学习进度、学习资料、学习评价拥有绝对的掌控权，学习者通常只是听从教师的指挥，被动地接受，缺乏主动权。而媒体参与评价的宗旨是以学习者为中心，学习者可以按照自己的兴趣和爱好来学习。在学习目标的指导下，搜集适合自己的学习资料，完成要求的作品。这样，学习者拥有了完全的自主权和控制权，能够参与评价标准的制定，也能够促进学习者开展自主学习。

4. 以评价促进发展

美国著名学者斯塔弗尔比姆曾说过："评价最重要的意图不是为证明，而是为了改进。"传统的教学评价对学习者的消极评价多于积极评价，例如，对待学习者总是否定、指责、灌输、强求、重分数，很少对其进行肯定、表扬、启发、帮助，只是为了评价而评价，完全忽略了评价对学习者的促进作用。媒体评价以"评价促发展"为基本理念，学习者不仅可以积极参与到评价标准的制定之中，也能够用自己制定的标准来指导自己，主动学习知识，这样的效果会比被动接受好。

5. 评价情境的全面化

教学评价应该在学习者的学习活动中进行，而不是发生在与课程分离的测试情境中，单一地用考试结果来评价学习者显得有些片面。媒体评价是一种面向过程的评价方式，它贯穿于整个学习过程，记录了学习者的整个成长历程，实现的是学习、课程和成果一体化的评价，不再是脱离课程和学习过程来对学习者展开评价。

6. 评价的灵活性

媒体评价支持知识的共享，为学习者获取专业知识打开了方便之门。学习者借助媒体参与评价，可以从他人分享的知识链接找到相关资料，也可以分享自己下载的文件和信息，如此让知识的传递更加具有针对性。此外，学习者也可以基于网络的评论区域，进行学习心得与观点的交流和探讨，使知识更好地被应用。这种针对性使得学习者对教师安排的任务进行探讨与评论，可以让他们找到有相同兴趣的爱好者来一起交流学习、合作学习，通过长时间的关注，大大提升各自的专业知识，也能够发展学习者的参与积极性和学习积极性，形成良性的学习循环系统。学习者在网络环境影响下，学习将变得灵活、自由、全面，在线学习、网络课堂、各种视频教程等的出现，形成了如今学习者全面、多维度的思维方式。单一的书面知识已经很难再提高学习者的学习兴趣，而从媒体参与评价链接学到的知识，可以契合学习者全面、多维度的思维。在网络环境下，媒体参与评价按照时间的先后顺序记录着学习者的学习历程，学习者也可以进行自我知识管理，提高自身的学习能力。这样根据学习者学习情况，评价者可以在不同的时空和不同的地域对学习者的学习成长经历进行灵活的评价。

1.4.7 教学效果深远，教会学生学习

教学媒体既可以提供直观形象和生动逼真的动态图像，又可以发展学生的观察力和空间想象能力，突破教学难点，发展学生思维。培养学生的观察能力和空间想象能力是提高学生学习质量和课堂教学效率的需要。①

从国内职业院校的实际使用情况看，媒体教学已经在一些专业得到了初步应用，如数控机床、电工电子等，但远未达到普及的地步。媒体教学在理论和实践中起纽带作用，打破了传统的黑板机器教学模式，以直观生动的虚拟现实技术展示抽象的教学内容，同时增加了学生实际动手的机会，提高了操作的熟练程度。在提高和完善实验教学的过程中，大大地降低了各类实验费用、降低了实训的风险；媒体教学的优势在于能够虚拟与实际近乎相同的环境，使得环境符合人们自然交互习惯的互动操作模式，学习者可以观察每个部件的工作原理、内部结构、工艺流程等，并可虚拟操作。网络虚拟现实应用于教育是教育技术发展的一个飞跃。它营造了“自主学习”的环境，由传统的“以教促学 ”的学习方式代之为学生通过自身与信息环境的相互作用来得到知识、技能的新型学习方式。虚拟现实技术能够为学生提供生动、逼真的学习环境，为各个领域提供无限的虚拟体验，从而加速和巩固学生知识的学习。亲身去经历、亲身去感受比空洞抽象的说教更具说服力，主动地去动手操作学习与被动的灌输，有着本质的差别。利用虚拟现实技术，可以建立各种虚拟实验室，它拥有传统实验室难以比拟的优势。虚拟的实验室可以彻底打破传统实验室在时间与空间上的限制，学生可通过互联网二十四小时操作。在保证教学效果的前提下，极大地节省了成本。同时它充分利用2D和3D技术与图片文字语音相结合，不仅对仪器设备整机进行解

① 陈晨．信息技术在职业教育专业课教学中的应用［J］．职业教育研究，2007（03）．

析，还可对具体部件进行拆卸和安装，并对各控制系统电路等进行仿真，全方位地让学员了解并掌握教学与实验内容所需的结构及原理。

俗话说：“兴趣是最好的老师”，学生认识自然现象的兴趣对他们的学习具有积极的作用，教师在教学中要充分利用这种兴趣培养学生的积极性，在正式上课之前使学生的兴趣高度活跃后再进行教学。教师还必须采用多种多样的方法提高学生的兴趣，使他们对所学知识产生浓厚的兴趣。当学生有了强烈的求知欲后就会产生强大的学习动力，就会取得事半功倍的学习效果，使学生的学习效率得以提升。教师要给予学生正确的引导、提醒学生注意某些细节，鼓励他们大胆动手，使他们逐渐养成精益求精的精神，从而达到更好的教学效果。兴趣是获取知识的动力和源泉，有了学习兴趣，就有探求未知的欲望，有了欲望就能促进学生对知识的渴求，学生的学习效果就会好，智力也会得到发展。

媒体的多样性、新颖性、趣味性等特点，可以激发学生的学习兴趣，从而使学生易学、爱学、乐学，把学习当作游戏，在玩中学、学中玩。

媒体教学在节省时间的同时，也提高了教学效果。职业院校学生比较容易接受新鲜事物，如果教师只是单一地在课堂上讲，学生会感到很乏味，甚至产生厌学的情绪。这时教师就要利用多媒体，结合学生自身的特点，将学科教学融于多媒体教学之中，提高学生学习的注意力及学习状态。学生的精神集中了，学习效果就可想而知，这样还有利于启发学生积极思考。此外，在学生即将学习新知识的时候，教师需要创设新奇的学习情境，使他们能够全神贯注，以积极的心态投入到学习中去，这样就会调动起学生学习的主动性和创造性。

课堂训练

结合信息技术的发展，谈一谈信息化媒体在职业教育中的作用。

实践任务

结合自身的日常教学，谈一谈信息化媒体对职业教育的影响。

拓展阅读

1. 拓展资料（一）：CELTS 标准

CELTS（Chinese E – Learning Technology Standards，中国网络教育技术标准体系），2002 年，初步形成的 CELTS 体系由 5 类标准项目组成，分别是指导性标准、学习资源相关标准、学习环境相关标准、学习者相关标准和教育管理相关标准，如图 1–9 所示。

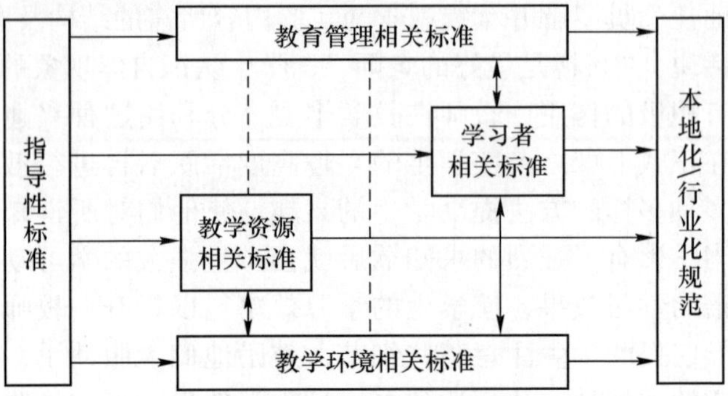

图 1–9　中国网络教育技术标准体系

目前全国信息技术标准化技术委员会教育技术分技术委员会已发布标准，见表 1–3。①

表 1–3　CELTS 标准

指导类	CELTS－24 数字化学习服务质量管理 CELTS－43－1 学习系统体系结构与服务接口 第 1 部分：抽象框架 CELTS－1 学习技术系统体系结构标准 CELTS－1 系统架构与参照模型 CELTS－25 标准本地化与例化应用规范 CELTS－4 基于规则的 XML 绑定（国家推荐性标准 GB/T 21364—2008） CELTS－2 术语
学习资源类	CELTS－28 学习对象分类代码 CELTS－55 学习资源统合包装组谱 CELTS－56 数字化学习对象语义描述 CELTS－3－2 学习对象元数据 XML 绑定规范 CELTS－9－2 内容包装 XML 绑定 CELTS－41 教育资源建设规范 CELTS－10－1 测试互操作 CELTS－21 学习设计 CELTS－10－2 练习与测试互操作 XML 绑定 CELTS－9－1 内容包装（国家推荐性标准 GB/T 26222—2010） CELTS－8 课程编列 CELTS－42 基础教育资源元数据应用规范 CELTS－3－1 学习对象元数据（国家推荐性标准 GB/T 21365—2008）

① 全国信息技术标准化技术委员会教育技术分技术委员会：http://www.celtsc.edu.cn/index.html。

续表

学习者类	CELTS－12 电子学档（电子档案袋） CELTS－11 学习者模型 CELTS－14 学力定义 CELTS－13 参与者标识符（国家推荐性标准 GB/T 21366—2008）
学习环境类	CELTS－57 教育云服务框架 CELTS－32 数字权利描述语言 CELTS－40 教育管理信息系统互操作 CELTS－16 协作技术与协作学习 CELTS－17 平台与媒体标准族谱 CELTS18 工具/代理通信 CELTS－20 学习管理系统
教育管理信息类	CELTS－29 教育管理信息 教育管理基础代码（行业标准 JY/T 1001—2012） CELTS－33 高等教育管理信息标准（行业标准 JY/T1006—2012） CELTS－34 中等职业学校管理信息标准（行业标准 JY/T1005—2012） CELTS－35 普通中小学校管理信息标准（行业标准 JY/T1004—2012） CELTS－38 教育管理基础信息标准（行业标准 JY/T1002—2012） CELTS－50 教育统计信息（行业标准 JY/T 1007—2012） CELTS－37 教育行政管理信息标准（行业标准 JY/T1003—2012） CELTS－40 教育管理信息系统互操作 CELTS－22 网络课程评价
多媒体教学环境类	CELTS－53－1 多媒体教学环境 第 1 部分：基础条件 CELTS－53－2 多媒体教学环境 第 2 部分：音频系统 CELTS－53－3 多媒体教学环境 第 3 部分：视频系统 CELTS－53－4 多媒体教学环境 第 4 部分：智能控制系统 CELTS－53－5 多媒体教学环境 第 5 部分：数字语言学习环境 CELTS－53－6 多媒体教学环境 第 6 部分：系统集成
虚拟实验与学习工具类	CELTS－23 虚拟实验开发、评价及管理标准：构件封装 CELTS－26 虚拟实验开发、评价及管理标准：构件元数据 CELTS－47 虚拟实验开发、评价及管理标准：服务接口 CELTS－48 虚拟实验开发、评价及管理标准：框架 CELTS－52 虚拟实验开发、评价及管理标准：智能评测 CELTS－51 虚拟实验开发、评价及管理标准：教学指导规范 CELTS－7 虚拟实验开发、评价及管理标准：数据交换 CELTS－15 虚拟实验开发、评价及管理标准：流程控制
电子课本与电子书包类	CELTS－49－1 电子课本与电子书包的体系结构 CELTS－49－2 电子课本的信息模型 CELTS－49－3 电子书包终端技术的通用规范

2. 拓展资料（二）：传播学的经典传播模式

（1）拉斯韦尔的传播模式

拉斯韦尔传播模式又称为“5W”传播模式。其中“5W”即谁（Who）、说什么（Says What）、通过什么渠道（in Which Channel）、对谁说（to Whom）、产生什么效果（With What Effect）。这一模式由拉斯韦尔在1948年提出，如图1–10所示。

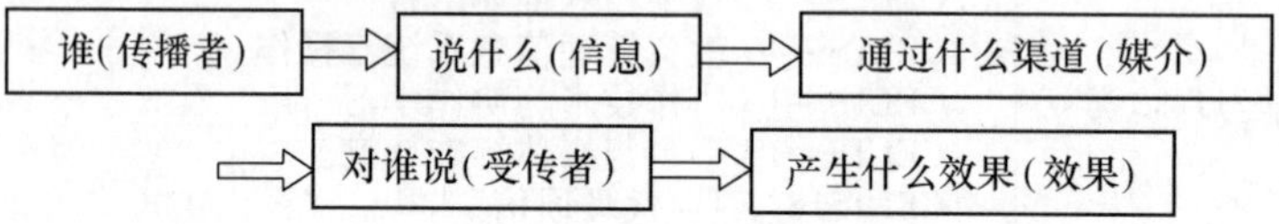

图1–10　拉斯韦尔传播模式

拉斯韦尔模式首次将人类所从事的传播活动系统地概括为由5个环节和要素共同构成的一个相对完整的过程，这在传播学史上具有重大意义。但是由于该模式忽略了受众反馈这一关键活动，不能完整地表现出传播过程具有双向互动的特点，因此具有一定的局限性。

（2）香农－韦弗模式

香农－韦弗模式是由美国的两位学者C·香农和W·韦弗与拉斯韦尔同时期提出的，如图1–11所示。香农－韦弗模式进一步拓宽了传播学研究的视野，为传播过程的研究提供了更深层次的启示。与拉斯韦尔模式最大的区别是其引入了“噪声”这一概念，“噪声”的提出反映了在传播活动进行过程中，传播效果会受到内外各种因素的干扰，表明了传播过程的复杂性。但与拉斯韦尔模式类似，该模式仍是一个直线单向过程，同样缺少受众反馈这一环节。

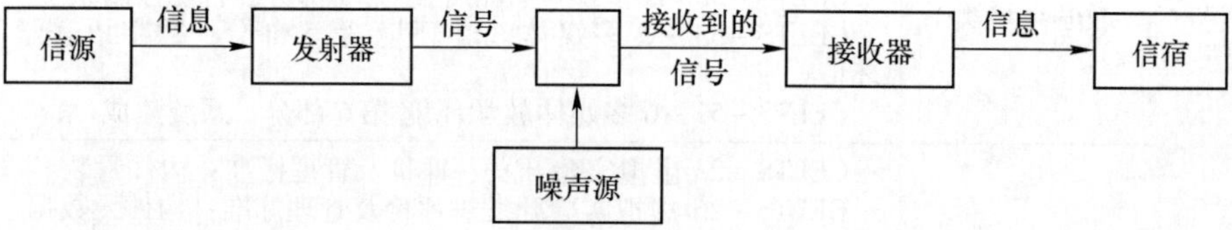

图1–11　香农－韦弗传播模式

（3）奥斯古德－施拉姆的循环模式

奥斯古德－施拉姆的循环模式是施拉姆在奥斯古德观点的启发下提出的一个新的传播过程模式，这一模式不同于以往的直线单向传播模式，这里对传受双方并没有进行明确的划分，二者在特定条件下是可以相互转化的，双方均可被视为传播行为的主体，如图 1–12 所示。

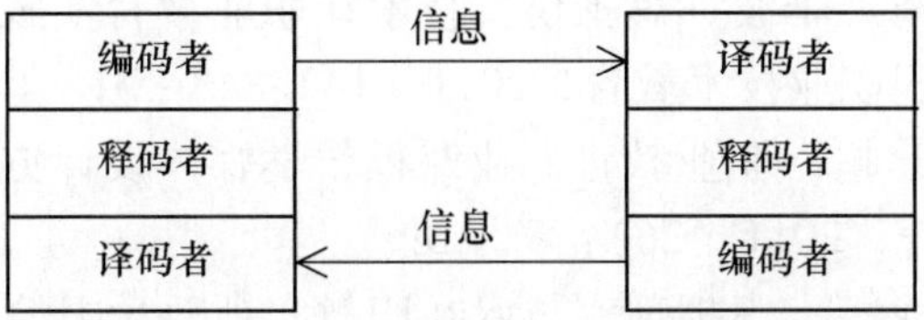

图 1–12　奥斯古德 – 施拉姆循环模式

奥斯古德 – 施拉姆的循环模式强调了传播活动具有互动性，参与传播的双方其角色功能在不同阶段依次互换。这一模式较真实地反映了现实世界中人际传播的状况，但却难以用于解释大众传播过程。

（4）贝罗的 S – M – C – R 模式

贝罗的 S – M – C – R 模式综合了多门科学理论，包括哲学、心理学、大众传播学、人类学、语言学等。在这一模式中，信源（Source）、信息（Message）、通道（Channel）以及接受者（Receiver）这 4 个基本要素构成其传播过程，因此简称为 S – M – C – R 模式。而其中每一个要素又包含各自的影响因素，如图 1–13 所示。贝罗 S – M – C – R 模式明确且形象地说明了影响信源、受传者和信息实现传播功能的因素是多样的、复杂的，而各个因素之间又存在着相互影响和制约的关系。传播效果不仅与组成传播过程的信源、信息、通道和接受者这 4 个基本要素有着密切的关系，同时还受各个基本要素的具体影响，每个基本要素同时受到多种因素的制约。这一传播模式在一定程度上揭示了教育传播的规律，因此常用于解释教育传播过程。但该模式缺少反馈环节，依然是单向直线，具有局限性。

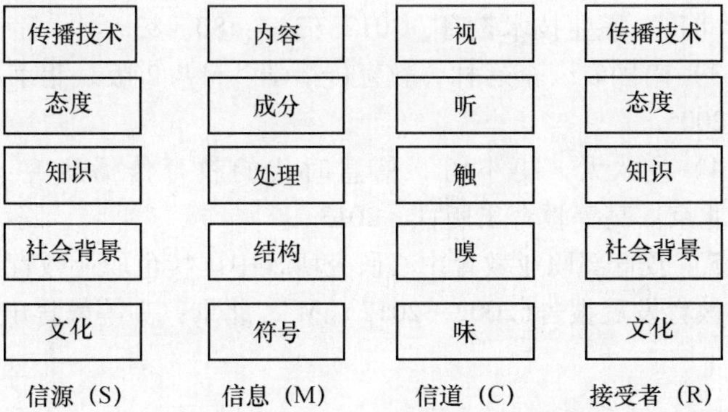

图 1–13　贝罗的 S – M – C – R 模式

3. 拓展资料（三）：相关论文、著作

（1）王海，李波．虚拟仿真技术在职业教育实践性教学环节中的应用［J］．中国职业技术教育，2011（14）：48－51.

（2）梁建超．职业教育专业课程教学媒体设计方法分析［J］．中国职业技术教育，2011（26）：67－69.

（3）蔡龙辉．虚拟现实技术在职教实训教学中的应用研究［D］．广东技术师范学院，2014.

（4）鲁昕．以信息化促职业教育现代化［J］．江苏教育，2014（48）：8.

（5）王中军．现代信息技术与职业教育教学的融合应用［J］．湖南第一师范学院学报，2014（01）：76－79.

（6）崔宏尧．基于互联网和现代信息技术的职业教育的发展研究［J］．金卡工程，2014，Z1：22－23.

（7）陈琳．中国职业教育信息化创新特色研究［J］．现代教育技术，2014（03）：12－18.

（8）蒋鹏．我国职业教育信息化建设现状及对策研究［J］．教育教学论坛，2014（26）：251－252.

（9）韩冰，顾京．浅析我国职业教育数字化教学资源建设的现状［J］．教育理论与实践，2013（06）：14－16.

（10）王键．以教育信息化推动职业教育改革创新—解读《教育信息化十年发展规划(2011—2020年)》[J]．江苏教育研究，2013（27）：78－79.

（11）樊丽，赵艳莉，张金娜．职业教育信息化建设现状及对策探究［J］．中国成人教育，2014（24）：47－49.

（12）严先锋，张颂心．远程教育与职业教育联动发展：一个新的分析框架［J］．职业技术教育，2012（34）：80－83.

（13）南国农，李运林．教育传播学［M］．2版．北京：高等教育出版社，2005.

（14）胡钦太，胡小勇．信息时代的教育传播研究：理论与实践［M］．北京：高等教育出版社，2013.

（15）教育部职业教育中心研究所．中国特色职业教育发展之路：中国职业教育发展报告(2002—2012)［M］．北京：高等教育出版社，2012.

第 2 章

授导型教学法及其在职业教育教学中的应用

学习要点

- 了解教学方法的定义、分类。
- 了解授导型教学法的定义。
- 了解职业教育的内涵、特点和发展。
- 阐述授导型教学法的特点及优势。
- 理解职业教育教学的特殊性。
- 能够阐述具有职业教育特色的授导型教育教学。

2.1 教学方法概述

学习要点

- 理解教学方法的定义。
- 了解常见的一些教学方法。
- 了解职业教育的典型教学方法。

情景描述

要确定教学内容，明确教学目的、任务和目标，就必须具有富有成效的教学法。否则，完成教学任务、实现教学目的就要落空。由此可见，教学方法关系教学成败，具有举足轻重的作用。本节从教学方法入手，分析其在职业教育教学中的应用。

完成任务

请根据自身的知识和经验谈谈职业教育课堂教学中常用的教学方法和基本特征。

知识与技能

2.1.1 教学方法定义

教学法是指在某种教学思想指导下，对众多成功教学经验的抽象和概括。它包括教师和学生在教学过程中，为达到一定的教学目标，根据特定的教学内容，共同进行的一系列活动的步骤、方式、方法、手段和技术的总和。它属于方法论的范畴，建立在一定的理论基础之上，其中包括教育学基础、心理学基础、哲学基础等。在某种教学法指导下的课堂教学过程，教师可以根据学生的水平、教师的特长和教学设备条件等因素，运用教学方法，设计教学程序，从而获得最佳的教学效果。所谓“教有教法、但无定法”，指的就是这个意思。教学法是可以借鉴、模仿和重复的，但同一种教学法由不同的教师使用，其教学过程的具体形式则是灵活多变的。

教学法是教学活动中的基本方向、路子，而教学方法是达到方向、路子的手段。

关于教学方法的定义，没有统一的界定，不同学者给出的定义各不相同。

乌美娜主编的《教学设计》中认为教学方法是教师和学生为了达到教学目标，由教学原则指导，借助教学手段（工具、媒体或设备）而进行的师生相互作用的活动，它既有教师教的行为，又有学生学的行为，而且两者相辅相成。大部分教学行为都是外显的，但也有一些是内隐的。采用教学方法的直接目的在于引起学生学习的准备，维持他们的兴趣和注意，以学生可接受的方式呈现教材，强化和调节学生的行为，解决学生的学习障碍。①

何克抗主编的《教学系统设计》中认为教学方法的概念有广义和狭义之分。广义的教学方法指为达到教学目的、完成教学任务，而采用的

① 乌美娜．教学设计［M］．北京：高等教育出版社，1998.

一切手段、途径和办法的总称，即某种教学理论、原则和方法及其实践的统称。这一概念具有普适性，教学原则和教学规律都包括在内。狭义的教学方法是指为达到既定的教学目的，实现既定的教学内容，在教学原则指导下所进行的师生相互作用的活动方式和措施，既包括教师教的方法，也包括学生学的方法，是教法和学法的统一。①

教学方法与教学目的、教学任务相联系，是实现教学目的和完成教学任务不可或缺的工具，是师生互动的方式和措施，具有可操作性。本书中讨论的教学方法是指何克抗定义的狭义的教学方法，如讲授法、讨论法、演示法、实验法等。

教学方法在教学实践中不断得以检验和创新，随着社会的发展，新的教学方法会不断涌现。以下是国内外常见的教学方法分类。

1. 国外教学方法分类

（1）拉斯卡的教学方法分类

美国学者约翰·A·拉斯卡根据新行为主义的学习理论，即刺激—反应联结理论（教学方法—学习刺激—预期的学习结果），提出以学习刺激的类型为标准分类。他指出，学习刺激作为一种手段是一种与预期学习结果的实现相联系的刺激。“我发现世界上只有四种基本教学方法，既不多，也不少！”“其中有三种方法是传统的方法，因为在古希腊和罗马的文献中就证明它们的存在。另一种教学方法是20世纪的一项创新。”这4种基本教学方法或称普通的教学方法，是按照A、B、C、D 4种学习刺激而分类的。各基本教学方法又由许多特定方法构成，见表2–1。

表2–1　4种基本教学方法对比表

方法	学习过程的假设	教师作用	提供学习
呈现	刺激	学生作用	运用的特定方法
实践	基本上无意识地学习，不需要学生特别努力，大脑是容器，知识来自外部	选择并用适当顺序呈现学习刺激	A种刺激
发现	（前反应）	消极	讲授，图片，校外考察，示范
强化	学生逐步达到预期目的，逐步完成学习任务，需要实践	确定学习题目和组织实践活动	B种刺激

① 何克抗，林君芬，张文兰. 教学系统设计［M］. 北京：高等教育出版社，2005.

呈现方法：运用 A 种学习刺激，用确定的形式把要学习的内容呈现给学生，在呈现这些刺激时只要求学生注意到呈现的刺激，在这个意义上说，学生的作用比较被动。

实践方法：运用 B 种学习刺激，用问题解决形式提供给学生，通过已知程序的运用，提供可模仿的模式，或可操作的特定学习活动来进行。该法要求学生起积极作用。

发现方法：运用 C 种学习刺激。C 种刺激提供给学生一个情境，希望学生在其中发现预期学习结果。

强化方法：依据 D 种学习刺激的分类。D 种刺激是学生做出预期反应后，由学生反应的强化而构成的。

在实际教学中，教师很少用某一特定的方法，教师可依据各种情况，推测不同教学方法可能产生的效果，一种方法的运用转向另一种方法的运用。①

(2) 巴班斯基的教学方法分类

尤里·康斯坦丁夫·巴班斯基（1927—1987)，苏联教育家。把现代控制论、系统论观点用于教学论研究，提出教学过程最优化的理论。主要著作有《教学过程最优化（一般教学论观点)》《教学教育过程最优化(方法原理)》等。

他依据对人的活动的认识，认为教学活动包括三部分，即知识信息活动的组织、个人活动的调整、活动过程的随机检查。把教学划分为以下三大类：

第一大类："组织和自我组织学习认识活动的方法"。

第二大类："激发学习和形成学习动机的方法"。

第三大类："检查和自我检查教学效果的方法"。

(3) 威斯顿和格兰顿的教学方法分类

依据教师与学生交流的媒介和手段，把教学方法分为以下四大类：

教师中心的方法，主要包括讲授、提问、论证等方法。

相互作用的方法，包括全班讨论、小组讨论、同伴教学、小组设计等方法。

个体化的方法，如程序教学、单元教学、独立设计、计算机教学等。

实践的方法，包括现场和临床教学、实验室学习、角色扮演、模拟

① （摘自人民教育出版社网站：http://www.pep.com.cn/xgjy/jyyj/jyts/jyx/zdjy/201008/t20100827_803807.htm）.

和游戏、练习等方法。

2. 我国教学方法分类

（1）李秉德《教学论》中的教学方法分类

李秉德（1912.7—2005.5），我国著名教育学家。致力于课程与教学论的研究，是新中国教学论、教育科学研究方法、小学语文教育等学科领域的开拓者和奠基人之一。其主编的《教学论》一书中指出，按照教学方法的外部形态，以及相对应的这种形态下学生认识活动的特点，把我国的中小学教学活动中常用的教学方法分为以下五类。

第一类方法：“以语言传递信息为主的方法”，包括讲授法、讨论法等。

第二类方法：“以直接感知为主的方法”，包括演示法、参观法等。

第三类方法：“以实际训练为主的方法”，包括练习法、实验法等。

第四类方法：“以欣赏活动为主的教学方法”，如陶冶法等。

第五类方法：“以引导探究为主的方法”，如发现法、探究法等。①

（2）黄甫全教授提出的层次构成分类模式

我国学者黄甫全教授认为，从具体到抽象，教学方法分为以下 3 个层次。

第一层次：原理性的教学方法。解决教学规律、教学思想、新教学理论观念与学校教学实践直接的联系问题，是教学意识在教学实践中方法化的结果，如发现式、注入式、启发式等方法。

第二层次：技术性的教学方法。向上可以接受原理性教学方法的指导，向下可以与不同学科的教学内容相结合构成操作性教学方法，在教学方法体系中发挥着中介性作用，如演示法、讲授法、实验法、参观法、讨论法等。

第三层次：操作性的教学方法。指学校不同学科教学中具有特殊性的具体的方法，如美术课的写生法、外语课的听说法、音乐课的视唱法等。

2.1.2 常见的教学方法

1. 讲授法

王道俊和王汉澜两位教授主编的《教育学》中将讲授法概括为：教

① 李秉德. 教学论［M］. 北京：人民教育出版社，2005.

师通过语言系统、连贯地向学生传授知识的方法。它通过循序渐进的叙述、描绘、解释、推论来传递信息、传授知识、阐明概念、论证规律、定律、公式，引导学生分析和认识问题，并促进学生的智力和品德的发展。由于语言是传递经验和交流思想的主要工具，故讲授法是教学的一种主要的方法，其他方法的运用都需要配合一定的讲授法。

李秉德教授主编的《教学论》中将讲授法归纳为：教师通过简明、生动的口头语言向学生系统地传授知识，发展学生智力的方法。从教师教的角度看，它是一种传授知识的方法；从学生学的角度讲，它是一种接受性的学习方法。

从以上对讲授法的解释来看，讲授法，概括地说，就是教师运用语言向学生传递知识的一种方法；是一种教师讲、学生听的活动。讲授法又可分为讲述、讲解和讲演三种。对某个事物或事件作系统的叙述和描绘称作讲述；对某个概念或原理进行解释、分析和论证称作讲解；不仅描述事实，而且深入分析和论证事实，并在此基础上做出科学结论称作讲演。讲授法的优点是能在短时间内让学生获得大量系统的科学知识；缺点是学生被动接受，师生难以及时获得反馈信息，并且教师无法照顾所有学生。

2. 发现法

发现法，又称探究式教学（inquiry teaching），是指学生在学习概念和原理时，教师只是给他们一些事例和问题，让学生自己通过阅读、观察、实验、思考、讨论、听讲等途径去独立探究，自行发现并掌握相应的原理和结论的一种方法。它的指导思想是在教师的指导下，以学生为主体，让学生自觉地、主动地探索，掌握认识和解决问题的方法和步骤，研究客观事物的属性，发现事物发展的起因和事物内部的联系，从中找出规律，形成自己的概念。可见，在探究式教学的过程中，学生的主体地位、自主能力都得到了加强。

发现法作为一种严格意义的教学法是美国认知主义心理学家杰罗姆·布鲁纳（Jerome Seymour Bruner）在《教育过程》一书中提出的。这种方法要求学生在教师的认真指导下，能像科学家发现真理那样，通过自己的探索和学习，“发现”事物变化的因果关系及其内在联系，形成概念，获得原理。在这个认知学习过程中，学生能够同时体验到“发现”知识的兴奋感和完成任务的自信心。这种兴奋感和自信心可激发学生学习的内在动机。布鲁纳说：“发现包括用自己的头脑亲自获得知识的一切形式。”发现法能较正确地、较充分地体现出教和学这对矛盾在发展中的关系。学生是学习的主体，教师起主导作用。这种方法有利于培养学生的发明创造能力。

3. 暗示教学法

暗示教学法是保加利亚精神病疗法心理学家乔治·洛扎家诺夫于20世纪60年代末70年代初首创的。洛扎诺夫给暗示教学法下的定义是："创造高度的动机，建立激发个人潜力的心理倾向，从学生是一个完整的个体这个角度出发，在学习交流过程中，力求把各种无意识结合起来。"

暗示教学，就是对教学环境进行精心的设计，用暗示、联想、练习和音乐等各种综合方式建立起无意识的心理倾向，创造高度的学习动机，激发学生的学习需求和兴趣，充分发挥学生的潜力，使学生在轻松愉快的学习中获得更好的效果。

4. 课堂讨论法

课堂讨论法是指学生在教师指导下，由全班或小组学生围绕某一中心议题发表自己的看法，从而进行相互学习的方法。讨论法的用途十分广泛，不但能促进学生加深知识的理解，还能为学生提供群体思考的机会。学生在群体思考过程中进行思维碰撞，互相启发，互相补充，有益于摆脱自我中心，增长才智。讨论法还可以促进学生的交往，促进他们掌握各种社会技术技能，并参与倾听、表达、协作等，运用讨论法需要学生具备一定的理解能力和独立思考能力，因此适用于高年级。

5. 启发式教学法

启发式教学，就是根据教学目的、内容、学生的知识水平和知识规律，运用各种教学手段，采用启发诱导办法传授知识、培养能力，使学生积极主动地学习，以促进身心发展。这里要着重说明，启发式教学不仅是教学方法，更是一种教学思想，是教学原则和教学观。当代各国教学改革无一不是围绕着启发式或和启发式相关联的方式展开的。

我国古代大教育家孔子很重视启发式教学。他曾论述："不愤不启，不悱不发，举一隅不以三隅反，则不复也。"这里"愤"意为发愤学习，积极思考，然后把知识表达出来；"发"意为开其意、指导；"悱"意为积极思考后要表达而表达不清，则要求教师予以答其词，使其清楚。对教师来讲，应该通过自己的外因作用，调动起学生的内在积极性。

6. 演示法

这是指在教学中围绕某些能被感知的事物，让学生明事理的方法，是一种教师演示，学生观察的活动。演示法使学生从感性上认识客观事物，为理性认识打下基础。演示一般还可分为静物演示和动态自然现象演示。前者包括实物、模型、图片、幻灯的演示；后者主要指演示实验，也包括电影、电视等。演示和科学技术的关系最为密切，因此，随着科学技术的进步，新的现代化媒体不断涌现，使演示超越时空界限，将过去、未来、宏观、微观现象生动地展现在学生面前。

2.1.3 职业教育常用的教学方法

职业教育应该“以能力为本、以服务为宗旨、以就业为导向、以学习为中心”为教学目标，通过面向企业、面向社会，对传统教学模式的结构、内容进行改革，构建起能够体现项目课程特性的新型教学关系，才能更好地推动现代职业教育的发展。

1. 项目教学法

项目教学法是由加拿大儿童教育家、阿尔伯特大学教授查德博士和美国著名儿童教育家、伊利诺伊大学教授凯兹博士共同创作的一种以学生为本和以行动为导向的专业教学法，在当今社会十分盛行。

项目教学法是师生通过共同实施一个完整的项目工作而进行的教学活动。[①]“项目教学法”特点是“以项目为主线、教师为引导、学生为主体”，具体表现在：目标指向的多重性；培训周期短，见效快；可控性好；注重理论与实践相结合。项目教学法是师生共同完成项目，共同取得进步的教学方法。

“项目教学法”的理论认为：知识可以在一定的条件下自主建构获得；学习是信息与知识、技能与行为、态度与价值观等方面的长进；教育是满足成才需要的有意识、有系统、有组织的持续交流活动。

项目教学法的核心是：不再把知识、技能传递作为教学追求的目标，而是在教师的指导下，学生去探寻获取这个结果的途径，最终取得这个结果，并进行展示和自我评价，教学的重点在于学习过程而不是学习结果，学习者在学习过程中锻炼各种能力。

高职教育“项目教学法”的定义是：高职制定、指导有实际意义的项目与计划，组织学生自主设计项目实施计划，进行自主学习、实践、操作，以培养学生的学习能力、方法能力、社会能力与提高素质为目标的教学模式。

---

① 吴言．项目教学法［J］．职业技术教育．2003（7）：1－1。

2003 年 7 月，德国联邦职业教育研究所制定以行动为导向的项目教学法，其特点是：把整个学习过程分解为一个个具体的工程或事件，设计出一个个项目教学方案，按照行动回路设计教学思路，不仅传授给学生理论知识和操作技能，更重要的是培养他们的职业能力，这里的能力已不仅是知识能力或者是专业能力，而是涵盖了如何解决问题的能力，如方法能力、接纳新知识的学习能力以及与人协作和进行项目动作（包括项目洽谈、报价、合同拟定、合同签署、生产组织、售后服务）的社会能力等方面。

项目教学与传统教学的区别见表 2–2。

表 2–2　项目教学与传统教学的区别

传 统 教 学	项 目 教 学
目的在于传授知识和技能	目的在于对已有技能和知识的运用
以教师教为主，学生被动学习	学生在教师的指导下主动学习，双主体
学生听从教师的安排	学生可以根据自己的兴趣做出选择
外在动力十分重要	充分调动学生的内在动力
教师找出学生知识的薄弱点，对授课内容进行补充	教师利用学生的优点开展活动，因材施教

2. 行为导向教学法

行为导向由英国瑞恩斯教授在 20 世纪 60 年代首先提出，主要源于人们对现实和未来社会对职业人才新要求的思考以及对教育和学习概念的重新认识。过去，对学习过程传统的认识是动机、接受、理解、记忆，而今人们对“教育”和“学习”都有了新的认识，更强调“交流”的作用。

联合国教科文组织《国际教育标准分类法》（1997 年版）对教育进行了重新定义，将“教育是有组织地和持续不断地传授知识的工作”改为“教育被认为是导致学习的、有组织的及持续的交流。”“学习”是指个人在行为、信息、知识、理解力、态度、价值观或技能方面的任何进步与提高。“交流”是涉及两个或更多人之间的信息（包括消息、思想、知识、策略等）转移关系。因此，教育不再局限于单向的传递，更是一种双向的互动。行为导向法以学习理论为基础，强调行为实践对学习的指导，寻求学习的最佳效果。而它所追求的教学目标则以学生的行为表现为标志。

德国职业教育理论工作者特拉姆认为“行为导向”在职业教育教学

中意味着：知识的传授和应用取决于行为导向的学习组合。行为导向教学法的核心意图，就是提出个体行为能力的培养。

上海马庆发教授认为，“行为导向”实质上是指在整个教育过程中创造一种学与教、学生与教师互动的社会交往情境，把教与学的过程视为一种社会的交往情境，从而产生的一种行为理论的假设。

3. 理实一体化教学法

理实一体化教学即理论实践一体化教学法，是打破理论课、试验课和实训课的界限，将某门课程的理论教学、实践教学、生产和技术服务融于一体，教学环节相对集中，由同一个教师主讲，直接在实验室或实训车间来完成某个教学目标和教学任务，师生双方边教、边学、边做，理论和实践交替进行，充分调动和激发学生学习兴趣，突出学生动手能力和专业技能的培养的一种教学方法。

理实一体化教学是符合职业教育的规律和特点，适应职业学校学生目前基础和身心发展的一种成功的教学方法。其具有以下几个特点。

（1）理实一体化实训环境——企业化

理实一体化教学要有与专业和规模相适应的硬件设备和实践操作环境。这就要求作为课堂的实习车间（实验室）能够提供足够的与企业工厂实际生产条件相一致的实训条件，从设备上为理实一体化教学师生双方边教、边学、边做、理论与实践交替进行提供保障，基本满足一人一岗的要求。不同的专业、不同的课程又要具有不同的设备和环境。

（2）理实一体化课程设置——模块化

理实一体化教学要有与专业和规模相吻合的课程设置。职业学校的课程是学校围绕培养目标所设定的教学内容和教学顺序的综合。模块式教学是国际劳工组织在20世纪70年代开发出来的一种较为先进的培训模式。它是在深入分析每种职业（工种）和技能的基础上，严格按照工作标准（岗位规范），将教学大纲和教材开发成不同的教学模块，形成类似积木组合式的教学方式。将各种教学模块组合而成的教学计划称为模块式教学计划。

（3）理实一体化配套教学——任务化

理实一体化教学要有与专业和规划相配套的教材。以项目为指导，以任务为驱动来编写理实一体化教材。新教材打破传统教材重视理论的课程体系，以能力为本位，以职业实践为主线，以任务驱动为主体，对课程内容进行创新整合，将各个知识点分解成实践训练任务，有计划地开展技能训练。根据企业用人的具体要求和学校的实际情况，结合学生的个性发展需要，对教材内容进行必要的取舍与组合，对内容的深度和广度进行适当的调整，并把职业资格标准纳入教材中。

（4）理实一体化师资队伍——双师化

理实一体化教学要有过硬的师资队伍。实施理实一体化教学不仅要求教师具有扎实的专业理论功底，还要具有熟练的实践技能，更要具有理实结合的分析及过程组合的能力，教师不仅是传统意义上的双师型人才，更要具有综合创新能力。

（5）理实一体化质量评价——社会化

理实一体化教学质量评价以三个符合度为标准，即：培养目标和质量标准符合社会需求、学生需要和国家规定的程度——设计；学校实际工作状态符合学校制定的培养目标和质量标准的程度——生产；人才培养结果（毕业生）符合学校确定的培养目标和质量标准的程度——检验。

对人才培养的标准采用多种评价手段，如技能鉴定、模拟测试、实物制作、专题报告、口头与书面问答、直接观察、考察原有学习证据等。这样做既能有力地保证坚持以技能培养为核心，又能满足以能力培养为目标的社会需求。

4. 情境教学法

著名教育家、心理学家赞可夫（1901—1977）说："教学法一旦触及学生的情绪和意志领域，触及学生的精神需要，这种教学方法就能发挥高度有效的作用。"

情境教学法是指把课文中讲述的事情以场景形式再现于课堂，贯穿于课堂。通过教师的引导，让学生置身于课本所讲的环境当中，调动学生的想象力、思维力和感受力，再经过教师巧妙设问，使学生得到预期教育效果的教学方法。

情境教学以思维为核心，以情感为纽带，通过各种符合学生心理特点和接近生活实际的真实情境的创设，巧妙地把学生的认知活动和情感活动结合起来，促进逻辑思维与形象思维协调发展，提高学生的思维品质。不仅如此，"情境教学还将情境贯穿教学过程的始终，强调凭借情境促进学生的整体发展，将人文学科的字词句篇、科学学科的定理公式融入具体生动的情境中，融知识性、育人性、发展性于一体。"

情境教学法的特点有以下几个：

① 逼真。要求内容形式逼真，神韵相似，强化学生感知教学内容的真实感。

② 情切。即情真意切，自愿参与认知活动，充分调动主动性。情境

教学是以生动形象的场景，激起学生的学习情绪为手段，连同教师的语言、情感，教学的内容以及课堂气氛成为一个广阔的心理场，作用于学生的心理，促使他们主动、积极地投入整个学习活动，达到学生整体和谐发展的目的。

③ 意远。意境广远，形成想象契机，有效地发展想象力。情境教学讲究“情绪”和“意象”。情境，总是作为一个整体，展现在学生的眼前，造成“直接的印象”，激起学生的情绪，又成为一种“需要的推动”，成为学生想象的契机。教师可凭借学生的想象活动，把教学内容与所展示的、所想象的生活情境联系起来，为学生拓宽意境，把学生带到教学内容的情境中。情境教学所展现的广远意境激起学生的想象，而学生的想象又丰富了内容。

④ 理蕴。即蕴涵理念，抽象的理念伴随着形象，有效地提高认识力。情境教学的“理寓其中”，就是从教材中心出发，由教材内容决定情境教学的形式。在教学过程中，创设一个或一组围绕教材中心展现的具体情境。

课堂训练

结合职业教育定义及自身在职业院校的教学工作经历，谈一谈不同教学方法的优缺点。

实践任务

课堂分组，采用不同的教学方法设计一节公开课。

拓展阅读

1. 拓展资料（一）：常用的典型教学模式

在教学理论研究与实践中，形成了适用于不同学习结果的教学模式，这些教学模式有些体现了以教为主的教学思想，有些侧重于以学为主。下面列举一些具有代表性的、有较大影响的教学模式，可根据不同的教学目标和学习内容选择参考。

（1）传递—接受教学模式

传递—接受教学模式适用于认知领域的教学目标，教师控制教学过程，能在较短的时间内传播大量的知识，但不利于学生主体地位的发挥。其包括激发学习动机—复习旧课—讲授新课—巩固运用—检查 5 个主要环节。

(2) 抛锚式教学模式

抛锚式教学模式（anchored instruction）是由温特比尔特认知与技术小组（CTGV）开发的。这种教学模式要求在多样化的现实生活情境中（或虚拟情境中）运用情境化教学技术以促进学生反思，提高迁移能力和解决复杂问题能力。抛锚式教学中的核心要素是“锚”，学习与教学活动都要围绕着“锚”来进行设计。教学中使用的“锚”一般是有情节的故事，而且这些故事要设计得有助于教师和学生进行探索。在进行教学时，这些故事可作为“宏观背景”提供给师生。该模式在全球范围内产生较大的影响，并得到广泛认可和应用。

(3) 支架式教学模式

支架式教学模式来源于苏联著名心理学家维果斯基的“最邻近发展区”理论。最邻近发展区是指，儿童独立解决问题时的实际发展水平（第一个发展水平）和教师指导下解决问题时的潜在发展水平（第二个发展水平）之间的距离。可见，儿童的第一个发展水平与第二个发展水平之间的状态是由教学决定的，即教学可以创造最邻近发展区。因此教学绝不应消极地适应儿童智力发展的已有水平，而应当走在发展的前面，不停顿地把儿童的智力从一个水平引导到另一个新的更高的水平。建构主义者正是从维果斯基的思想出发，借用建筑行业中使用的“脚手架”（Scaffolding）作为上述概念框架的形象化比喻。所谓脚手架是指教师所能提供给学生，帮助学生从现有能力提高一步的支持的形式。支架的例子包括教师揭示或给予线索，或帮助学生在停滞时找到出路，通过提问帮助他们去诊断错误的原因并且发展修正的策略，激发学生达到任务目标的兴趣及指引学生的活动朝向预定目标。通过这种脚手架的支撑作用，不断地把学生的智力从一个水平提升到另一个新的更高水平，真正做到使教学走在发展的前面。支架式教学策略由以下几个环节组成：搭脚手架—进入情境（将学生引入一定的问题情境）—独立探索—协作学习—效果评价。

(4) 引导—发现教学模式

该模式适用于认知领域的教学目标，以问题解决为中心，注重学生独立活动，有利于学生的探究能力和创造性思维能力的培养，需要学生具有一定的先行经验的储备，比较适用于数理学科。其包括提出问题—产生假设—验证假设—总结结论 4 个环节。

(5) 九段教学模式

九段教学模式是美国著名教育心理学家罗伯特 · M · 加涅将认知学

习理论应用于教学过程而提出的一种教学模式。加涅认为，教学活动是一种旨在影响学习者内部心理过程的外部刺激，因此教学程序应当与学习活动中学习者的内部心理过程相吻合。根据这种观点，他把学习活动中学习者内部的心理活动分解为9个阶段，相应的教学程序也应包含9个步骤：引起注意—阐述教学目标—刺激回忆—呈现刺激材料—提供学习指导—诱发学习行为（反应）—提供反馈—评价表现—促进记忆与迁移。“九段教学策略”由于有认知学习理论作基础，所以不仅能发挥教师的主导作用，也能激发学生的学习兴趣，在一定程度上调动学生的学习主动性、积极性，建立起学与教之间的联系，再加上其实施步骤具体明确，可操作性强，因此其影响和应用都比较广泛。

（6）随机进入教学模式

由于事物的复杂性和问题的多面性，要做到对事物内在性质和事物之间相互联系的全面了解和掌握，真正达到对所学知识的全面而深刻的意义建构是很困难的。因为从单一视角提出的每一个单独的观点虽不是虚假的或错误的，但却不是充分的，往往从不同的角度考虑可以得出不同的理解。为克服这方面的弊病，在教学中就要注意对同一教学内容，要在不同的时间和情境下、为不同的教学目的、用不同的方式加以呈现，应避免内容的过于简单化。在条件许可时，尽可能保持知识的真实性与复杂性，保证知识的高度概括性与具体性的结合，使知识富有弹性，以灵活适应变化的情境，增强知识的迁移性和覆盖面。作为教学内容的知识源泉应该是高度联系的知识整体，而不是各自为政的、分割的。换句话说，学习者可以随意通过不同途径、不同方式进入同样教学内容的学习，从而获得对同一事物或同一问题的多方面的认识与理解，这就是所谓的“随机进入教学”。随机进入教学模式主要包括：呈现基本情境—随机进入学习—思维发展训练（由于随机进入学习的内容通常比较复杂，所研究的问题往往涉及许多方面，因此在这类学习中，教师还应特别注意发展学生的思维能力）—小组协作学习—学习效果评价几个步骤。

（7）基于翻转课堂的混合式教学模式

“翻转课堂”（flipping classroom，或译作“颠倒课堂”）近年来成为全球教育界关注的热点，2011年还被加拿大《环球邮报》评为“影响课堂教学的重大技术变革”。“翻转课堂”的兴起与“可汗学院”密切相关，“可汗学院”是在2004年由孟加拉裔美国人萨尔曼·可汗（Salman Khan）创立。开始时，他是为了对亲戚家的小孩学习数学进行远程辅导，录制数学方面的教学视频，并把它放到YouTube网站上，除了供其亲戚家的孩子远程学习，也供其他有需要的人士免费观看和学习。接下来，他又对这些教学视频内容作了补充，增加互动练习软件，以便学习者进行数学训练。到2007年，可汗把教学视频和互动练习软件加以整合，在此基础上创立了一个非营利的教学网站，用教学视频讲解各学科（不仅是数学）的教学内容和网上读者提出的各种问题，并提供在线练习、自我评估、学习进度自动跟踪等学习工具。到2009年，可汗干脆辞掉自己的原有工作，全身心投入到这一教学网站的运行与维护，并把专门开展在线教育的这个非营利教学网站正式命名为“可汗学院”。有了“可汗学院”免费提供的优质教学视频，克服了实施“翻转课堂”的重要障碍，这就大大降低了广大教师进入“翻转课堂”的门槛，从而推动了“翻转课堂”的普及，使“翻转课堂”不仅走出科罗拉多州，进入北美乃至全球教育工作者的视野，并受到热捧（后来可汗学院还开发出“学习控制系统”，这个系统能及时收集学生的各种学习数据，不仅使学生和教师能随时了解学习状况，还便于教师有效实施翻转课堂）。①

所谓翻转课堂就是首先由教师创建教学视频，学生在家或课外观看视频讲解，然后再回到课堂中进行师生间、生生间面对面的分享、交流学习成果与心得，以实现教学目标为目的的一种教学形态。②

翻转课堂和传统课堂教学模式各要素对比见表2-3。

表2-3　翻转课堂与传统课堂各要素对比表

	翻转课堂	传统课堂
教师	学习指导者、促进者	知识传授者、课堂管理者
学生	主动研究者	被动接受者
教学形式	课前学习+课堂研究	课堂讲解+课后作业
课堂内容	问题研究	知识讲解传授
技术应用	自主学习、交流反思、协作讨论工具	内容展示
评价方式	多角度、多方式	传统纸质测试

基于翻转课堂的混合式教学模式等，在取得一定成效的同时，也引发了关于教师角色、课程模式、管理模式等一系列争议与思考。慕课、

① 何克抗．从“翻转课堂”的本质看“翻转课堂”在我国的未来发展［J］．理论探讨，2014（7）：5－16.

② 刘荣．翻转课堂：学与教的革命［J］．基础教育课程，2012（12）：28.

微课、翻转课堂是由互联网催生的“教育新宠”，校园“三课”即课堂、课程、课本将实现“网络变身”，课本变身为网络资源，课程变身为慕课，校园教室变身为翻转课堂，再进一步，就是学校教育变身为“互联网+教育”。

综上所述，传递—接受教学模式和九阶段教学模式主要体现了以教为主的教学思想，引导—发现教学模式、支架式教学模式、抛锚式教学模式及随机进入教学模式特别强调情景创设及学生主体地位的发挥，倡导自主、合作、探究的学习方式和策略，更具有更鲜明的信息化环境下的教学特征。而基于翻转课堂的混合式教学模式则是具有典型信息化特征的新教学模式。

2. 拓展资料（二）：相关网站

（1）高等职业教育网 http://www. chinagz. org/。

（2）中国职业教育信息资源网 http://www. tvet. org. cn/。

（3）中国高职高专教育网 http://www. tech. net. cn/web/index. aspx。

（4）中国职业技术教育网 http://www. chinazy. org/。

（5）职教优秀成果大讲堂 http://zjcg. ouchn. edu. cn/。

（6）信息化教学设计的要素与方法 http://blog. sina. com. cn/s/blog_735a39a801012t4n. html。

（7）百度百科．可汗学院［DB/OL］. http://baike. baidu. com/view/5913590. htm。

3. 拓展资料（三）：相关论文、著作

（1）李秉德．教学论［M］. 北京：人民教育出版社，2005.

（2）吴言．项目教学法［J］. 职业技术教育，2003（7）：1－1.

（3）乌美娜．教学设计［M］. 北京：高等教育出版社，1998.

（4）何克抗，林君芬，张文兰．教学系统设计［M］. 北京：高等教育出版社，2005.

（5）朱宏洁，朱赟．翻转课堂及其有效实施策略刍议［J］. 课程与教学，2013（8）：79－83.

（6）刘荣．翻转课堂：学与教的革命［J］. 基础教育课程，2012（12）：28.

（7）何克抗．从“翻转课堂”的本质，看“翻转课堂”在我国的未来发展［J］. 理论探讨，2014（7）：5－16.

（8）何世忠，张渝江．再谈“可汗学院”［J］. 中小学信息技术教育，2014（2）：24－26.

(9) 何克抗．建构主义—革新传统教学的理论基础［J］．电化教育研究，1997（3）：3 －9.

(10) 李吉林．谈情境教育的课堂操作要义［J］．教育研究，2002（2）：68 －973.

2.2 授导型教学法概述

学习要点

- 了解授导型教学法的定义。
- 了解授导型教学法的特点。
- 能运用授导型教学方法组织课堂教学。

情景描述

《国家中长期教育改革和发展规划纲要（2010—2020 年）》指出：信息技术对职业教育发展具有不可估量的影响，要高度重视信息技术的功能化研究领域的开发，以信息技术的功能化促进职业教育的现代化。加快推进职业教育信息化的发展，将大大提高职业教育的教学效益、促进教育方式变革、促进职业教育均衡公平发展。本节从授导型教学法入手，分析其在职业教育教学中的应用。

完成任务

观看运用信息化教学比赛视频，思考视频中的教师在整个教学活动中运用了几种教学方法，运用得是否合理，与传统的教学方法有何区别。

知识与技能

2.2.1 授导型教学法定义

授导型教学是指在课堂教学中以讲解、演示、操练及练习、自主学习、小组讨论、合作学习、问题化学习等方法综合运用的课堂教学形式。

授导型教学的一般步骤包括研习案例、学习者特征分析、认识教学目标的重点和难点、教学方法的选择以及教学媒体的选择。

与传统的讲授型教学相比，授导型教学最大的特点是通过教师的讲授和引导让学生的主体性得到充分的发挥。授导型教学方法与传统的讲授型教学的根本区别在于：传统的讲授型教学以教师为主体，学生处于被动状态，其常见的模式是教师讲，学生听，这种教学方式无视学生在课堂教学过程中的主体性的发挥，忽视了学生能力的培养。授导型教学中，学生是主体，教师为主导，既能发挥学生的主体作用，又能发挥教师的主导作用；把教与学辩证地统一起来，既能传授知识，又能发挥智力；把两者辩证地统一起来，既能重视智力因素的作用，又能发挥非智力因素的作用，使两者相互结合，相互促进。

2.2.2 授导型教学法的特点及优势分析

1. 授导型教学法的特点

授导型教学是指在课堂教学中以讲解、示范、练习、自主学习、小组讨论、合作学习、问题化学习等方法综合运用的课堂教学形式。课堂教学时需要考虑教学目标、课程内容、学习者的特点（学习风格、学习者年龄阶段等）、教学方法、教学挂图及教学环境之间的相互关系等因素，如图 2-1 所示。其具有以下两个特点。

① 以教师为主导，以学生为主体的一种教学方法。

② 一种有效的启发式教学方法。

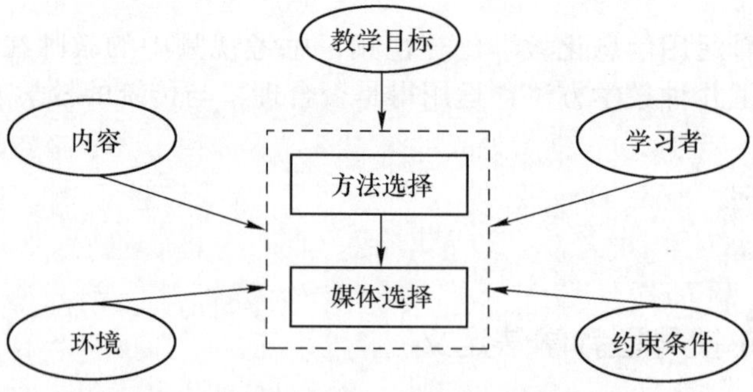

图 2-1　授导型教学设计需要考虑的因素

2. 授导型教学法的优点

① 更加注重对学习者的分析。

② 在教师发挥的作用下，突出引导与参与的功能。

③ 在学习活动的安排上，以学生的自主—合作—探究活动为主。教案设计中没有用具体的写出文字教学过程，代而取之的是教学流程图，与传统的语言文字相比更加清晰，一目了然。

④ 应用信息技术手段，如课件展示，激发学生的兴趣，趣味性强，更易达到教学目标。

⑤ 教师容易控制教学进程，能够使学生在较短时间内获得大量系统的科学知识。

总之，授导型教学法所要达到的目标就是在教师的主导作用下，突出引导与参与的功能；在学习活动的安排上，以学生的自主—合作—探究活动为主；在技术支持教学过程中，充分发挥多媒体的功能；在教学设计中，更加注重学生的认知规律及学生的学习兴趣。在现代信息技术高速发展的今天，倡导学生主动参与、乐于探究、勤于动手，培养学生搜集信息、处理信息的能力。

课堂训练

1. 讨论：“授导型教学”与“讲授法”是否是一回事。

2. 请谈一谈自己对“授导型教学”的认识。

实践任务

1. 下列对授导型教学认识不当的是（　　）。

A. 授导型教学在教师发挥的作用下，突出引导与参与的功能

B. 授导型教学是以讲授为主的混合式教学

C. 授导型教学是指在课堂教学中将讲解、演示、操练及练习、自主学习、小组讨论、合作学习、问题化学习等方法综合运用的课堂教学形式

D. 授导型教学注重对学习者的分析

2. 职业教育，指适应个体发展，以及经济和社会发展的要求，在一定的文化水平基础上，培养人们获得一定职业资格，以及继续深造、职业发展所需要的知识和技能的综合（　　）。

A. 职业素质教育　　B. 职业修养教育

C. 职业品质教育　　D. 职业涵养教育

3. 下列不属于职业教育特点的是（　　）。

A. 职业性　B. 实用性　C. 终身性　D. 基础性

4. 职业教育适应并促进社会经济发展的规律属于职业教育的（　　）。

A. 特殊规律　B. 局部规律　C. 基本规律　D. 普遍规律

5. 不属于职业教育学研究对象的教育现象是（　　）。

A. 学生学习立体图形　　B. 后进生转化

C. "双师型"教师　　D. 产学研结合

6. 古代社会有关职业劳动的知识和技术教育，主要通过（　　）形式进行。

A. 家庭教育、学徒制教育　　B. 学校教育、官吏教育

C. 社会教育、劳动教育　　D. 官学、私学

7. 西方奴隶社会出现了斯巴达教育体育，教育内容侧重（　　）。

A. 哲学和艺术　　B. 体操和军事

C. 宗教和商业　　D. 农业和手工业

8. 最早明确提出教育与生产劳动相结合的思想的教育家是（　　）。

A. 瑞士著名教育家裴斯泰洛齐

B. 德国哲学家卡尔·马克思

C. 英国空想社会主义者罗伯特·欧文

D. 德国教育家乔治·凯兴斯泰纳

9. 劳动学校运动的代表人物是（　　）。

A. 约翰·杜威（John Dewey）　　B. 黄炎培

C. 陶行知　　D. 乔治·凯兴斯泰纳

10. 结合授导型教学的特点及教学实际，谈谈授导型教学应用于职业教育的优势。

拓展阅读

1. 拓展资料（一）：国外著名的职业教育模式

德国"双元制"模式

所谓"双元制"职业教育是指，青少年既在企业接受职业技能和相应知识的培训，又在职业院校接受专业理论和普通文化知识的教育。这是一种将企业与学校、理论知识与实践技能紧密结合起来，以培养专业

技术工作人员为目标的职业教育培训制度。①

以德国为代表的“双元制”是其众多教育制度的一种，最早可追溯到中世纪。“双元制”模式的“一元”为企业，另“一元”为高职学校，其主要内容是：培养一名合格的实用人才，必须通过工厂、企业和职业学校两大系统的密切合作来进行。学员要先向有资格招收学徒的企业报考，录取后与企业签订合同，同时又在职业教育机构进行学习。当前，德国的高等教育机构引进“双元制”的做法已发展为以下3种模式，一是叠加式，即理论与实践培训相继进行；二是一体式模式，即理论和实践培训平行进行；三是交叉型模式，即理论教学与实践培训交叉进行。

“双元制”的双元特性主要体现在以下几个方面：两个教育主体——企业与职业学校；受训者的双重身份——学生与学徒；两种法律依据——职业教育法与学校法。企业里的培训主要遵守联邦制定的职业教育法，属联邦管辖。职业学校的教学遵循各州制定的法律法规，各州负责。企业与学校分属两个不同的法律范畴，两个主管单位——联邦政府与州文教部。企业的职业培训由联邦政府主管，按照联邦政府颁布的《职业培训体系条例》进行。而学校的教学则由各个州文教部管，以各州文教部长联席会议制定的《理论教学大纲》为指导性文件。两类课程——理论课与实训课。实训课主要在企业里进行；理论课则主要在学校进行，但在企业的实训课里也会有一定的理论教学。

“双元制”人才培养模式中培训企业和职业学校的“双元”是互相依存、相辅相成、缺一不可的。在整体的培养目标上，合二为一；在具体的培训过程中，一分为二，表现出明显的“双元”属性。“双元制”的培养模式，被德国人自称为经济腾飞的“秘密武器”。

加拿大 CBE 模式

CBE（Competency - Based Education）模式是由学生、教师（包括市场调查分析人员、指导教师、教辅人员和教育教学管理人员）、专业顾问委员会成员、专业能力图表分析人员、学习包开发人员和资源组成的。在不同的阶段，他们起着不同的作用，推动着 CBE 模式的运转。

以加拿大为代表的 CBE 模式，其核心是从职业岗位的需要出发，确定能力目标（或称岗位职责）。通过有代表性的企业专家组织的课程开发委员会，制定能力分解表（课程开发表），并以这些能力为目标设置

① 邓泽民，张扬群．现代四大职教模式［M］. 2 版．北京：中国铁道出版社，2011：123 - 126.

BTEC 模式的教学评价体系非常严格，该体系包括评估、内审与外审三方面，BTEC 以平时作业作为考核的主要形式，主要通过课业的完成过程全面评估学生学习所达到的专业能力，并测量通用能力的发展水平，所有这些都以成果作为教学评价的依据，而不是以最后的考试作为唯一考核依据。①

以英国为代表的 CBET 模式强调教育训练的结果，即学生经过高职教育训练后具有实际的操作能力。它所关注的是学生能否达到行业中具体的能力标准。这种模式的关键是组织专家确定能力标准，成立国家资格委员会，建立一种能力本位的国家职业资格证书制度。

澳大利亚的 TAFE 学院

TAFE 即技术与继续教育（Technical and Further Education）的英文缩写，是澳大利亚职业教育与培训体系（Vocational Education and Training，VET）的教育实施系统。

TAFE 的地位和作用主要有：它是职业教育和培训的主要提供者；它既是教育机构，也是执行政府政治和经济政策的载体；它为各个行业培训技术工人、服务人员和技术人员。TAFE 也培养某些领域较高层次的专业技术人员和专业管理人员。TAFE 学院一般属政府所有，并由政府资助和管理。

澳大利亚 TAFE 的专业和课程设置，是以行业组织制定的职业能力标准和国家统一的证书制度为依据的，具体内容则由企业、专业团体、学院和教育部门联合制定，并根据劳动力市场变化情况不断修订。TAFE 树立以能力为本位的指导思想，强调学生的主观能动性，学生可以按照自己的情况进行学习，教学组织方式极为灵活。因此，教学重点放在学生实际工作能力的训练上，考核重点强调学生应该能做什么，而不是应该知道什么。

能力培养是 TAFE 教学设计的核心内容，也是对学生进行质量评价的尺度。TAFE 对培训包课程提出了最低的能力测试考核要求，具体做法是建议教师采用 12 种标准测试方法中的某几种作为考核手段，这 12 种考核方法是观察、口试、现场操作、第三者评价、证明书、面谈、自评、提交案例分析报告、工件制作、书面答卷、录像、其他。考核结果要求必须符合“五性”，即有效性、权威性、充分性、一致性和领先性。这些方法的综合运用，比之单用试卷的考核方法，更能反映出学生的实际能力。

① 李娜．国外典型高等职业教育人才培养模式的特点分析［J］．时代教育，2012（7）：28－31.

法国的专业定向教育

在法国，鼓励学生在中学阶段接受专业教育，并在高中课程中设置更广泛的且高度专业化的选修科目。法国小学课程中除了基础知识、科学教育、艺术教育和体育等课程外，还新增了技术教育课程，让学生们进行手工制作和轻微的体力劳动；初中专设“劳动与技术教育课”，一般为每周两课时。为加强技术教育，在高中毕业会考中（同时是大学入学考试）加试手工劳动能力，另外在一般考试中加试应用技术。

法国的初中是四年，分为两个阶段，两年的观察阶段和两年的定向阶段。所有学生到初中二年级以后，都需要为将来的学习道路做出选择，通常是在教师指导下，根据自己的意愿和学业成绩，分别进入初中三年级各组学习，有的则转入各种职业证书班。法国的高中开设三类课程，必修课、选修课和任选课。其中必须选择的选修课有实用工艺、工业技术、医学、社会学、实验室科技等，任意选修课有艺术、科技、现代外语、打字等实用课程。

瑞士三元制职业培训

瑞士三元制职业培训，是瑞士中等职业教育的模式之一，是按学习单位和地点划分的。其整个教育过程一般在职业学校、企业和职业培训中心（入门培训机构），因而称为“三元制”模式（triales system）。此外，瑞士的职业教育按其内容可分为工业、商业、服务类及护理类和农业类；按其层次又可分为职业准备教育（职业选择或职业咨询教育）、职业基础教育（一种“双元制”或“三元制”的高中阶段职业教育）、职业进修、职业继续教育、转岗培训（高等职业教育或高等教育阶段教育，以及第二次职业培训等）。

“三元制”模式中的职业培训中心，是一种跨企业的职业基本能力的“入门培训”。入门培训在“行业协会”开办的职业培训中心内实施。瑞士的行业或职业协会组织非常发达，为了更好地发挥在学徒培训方面的作用，很多行业组织设立了专门的培训中心或实训车间。随着行业协会培训中心模式的发展，学徒培训逐渐从传统的“双元制”演变为企业、学校和培训中心实训车间三条腿支撑的“三元制”。

2. 拓展资料（二）：相关论文、著作

（1）邓泽民，张扬群．现代四大职教模式［M］. 2 版．北京：中国铁道出版社，2011：203 – 205.

（2）李娜．国外典型高等职业教育人才培养模式的特点分析［J］. 时代教育，2012（7）：28 – 31.

（3）蔡炎斌．国外高等职业教育人才培养模式分析与思考［J］．黑龙江高教研究，2005（12）：76－77.

（4）张忠福．借鉴国外职业教育模式实施能力本位教育［J］．河南职业技术师范学院学报（职业教育版），2009（9）：62－65.

2.3 具有职业教育特色的授导型教育教学

学习要点

- 了解职业教育的定义、特点和国内外职业教育的发展历史。
- 了解具有典型职业教育特色的授导型教学法。
- 通过学习授导型教学法在职业教育教学中的案例运用，思考在课堂中运用授导型教学法要注意哪些因素。

情景描述

职业教育，指适应个体发展，以及经济和社会发展的要求，在一定的文化水平基础上，培养人们获得一定职业资格，以及继续深造、职业发展所需要的知识和技能的综合职业素质教育。职业教育的人才培养目标及培养过程等与普通教育存在着一定的差异，有着自身的鲜明特点。

完成任务

观看职业教育的不同观点视频，作简单评述并共同探讨职业教育的特点。

知识与技能

从类别上分析，职业教育是与普通教育等其他类教育并列的一类教育。作为一种教育类型，职业教育的特殊性也涵盖教育的一般特征，因为“共性存在于个性之中”。因此，教育的一般特征也是职业教育的特征，但作为一种特殊教育类型，它具有自己相对独特的特点。以下从总体特点和各环节具体特点来分析职业教育的相对独特之处。

2.3.1 职业教育的内涵、特点及其发展

1. 职业教育的内涵

什么是职业教育？职业教育与技术教育、技术和职业教育、职业技术教育的关系如何？现在所讲的职业教育的确切含义是什么？弄清这些问题，是科学地认识职业教育，研究高等职业教育办学体制的起点。①

关于职业教育的定义，不同时代、不同人物和不同角度对职业教育的定义都各不相同。

美国著名哲学家、教育家约翰·杜威（John Dewey，1859—1952）认为职业教育是为从事职业工作做准备的教育；还有学者认为“职业教育是指有组织的教育活动，它提供一系列的课程，直接针对个体或未来从事不需要本科或更高学历的有偿或无偿服务的工作做准备。这些课程是基于能力培养的应用性学习，旨在充实个体的学科知识、提高分析问题和解决问题的技能，培养积极的工作态度，开发一般职业技能于特定职业技能，以使个体能够从经济上独立，成为有效的生产者，并为社会作出贡献。”

国际上对职业教育内涵的界定主要有两种，一是《国际教育标准分类法》（1997）规定职业前或技术前教育，主要是为学生进入劳务市场和准备让他们学习职业或技术教育课程而设计的教育，目的为引导学生掌握在某一特定的职业或行业中从业所需要的实际技能、知识和认识而设计的教育。学生在完成课程后可以获得所在国的主管当局（如教育部、雇主协会等）认可的在劳务市场上从业的资格；二是联合国教科文组织（2001）将“技术与职业教育”作为一个综合术语来使用，它所指的教育过程除涉及普通教育之外，还涉及学习、经济和社会生活各部门的职业有关的技术及各门科学，以及获得相关的实际技能、态度、理解能力和知识。技术与职业教育还可以进一步理解为：普通教育的一个组成部分；准备进入某一就业领域及有效加入职业界的一种手段；终身学习的一个方面以及成为负责任的公民的一种准备；有利于环境的可持续性的一种手段；促进消除贫困的一种方法。

黄炎培曾对职业教育作解释说：“职业教育则凡学成后可以直接谋生

---

① 吴高岭．高等职业教育多元化办学体制研究［M］．武汉：华中科技大学出版社，2013：18.

者皆是；职业教育以广义言之，同教育皆含有职业之意味，盖教育云者。因授人以常识、技能而使之生存于世界也。若以狭义言，则仅以讲求实用之知能者为限……所谓职业教育，专以职业上的学识、技能教授不能久学之青年。”

当代学者认为，“职业教育是专门以职业为目的的教育，是使受教育者达到职业资格的获得、保持或转变职业生涯质量的获得与改进的教育。”职业教育是指在一定普通教育基础上，为适应某种职业需要而进行的专门知识、技能和职业道德教育，使受教育者成为社会职业所需要的应用人才的教育。”①

《辞海》给出的定义是“职业教育是给予学生或者在职人员从事某种生产、工作所需某种生产、工作所需的知识、技能和态度的教育。分就业前和就业后两类。”“从广义上说，它泛指一切能增进人们的职业知识和技能，培养人们的职业态度，使人们能顺利从事某种职业的教育活动。从狭义上说，即在普通教育的基础上，通过职业学校和职业培训机构，对劳动者进行的从事非专门性的职业知识、技能和态度的培训，以使他们现在或将来能顺利获得职业的活动。”

华东师范大学钱景舫教授认为职业教育是“为想要成为技术应用型技能人才的人提供的一种教育服务，亦为全民族增强职业技术意识，掌握基本的技术活动知识、技能而提供的教育服务”。他说：“以目标角度而言，包括较宽泛目标的教育和较有限目标的培训；以实施形态而言，包括正式的学校教育和非正式的职业培训；以内容而言，包括职业和技术的有关知识、技能、道德与态度；以阶段而言，包括职业入门、职业准备、职后培训，贯穿人的职业发展的全过程。”

顾明远主编的《教育大辞典》定义是：职业教育是传授某种职业或生产劳动所需要的知识和技术的教育。②

职业教育是什么，学术界还没有统一的共识和结论。我们认为，应从“职业和教育”两方面来谈职业教育，综合以上观点，我们得出结论：职业教育是指在个体发展以及经济和社会发展要求下，给学生从事某种生产劳动所需要的知识技能的教育，是针对取得某种社会职业资格的教育，主要包括职业陶冶、职业准备教育、职业教育和职业培训。教育过程目前主要集中于各类型各层次的职业技术学校、各种正式和非正

① 张栋梁．中外职业教育发展对比研究［M］．吉林：吉林大学出版社，2011.

② 吴高岭．高等职业教育多元化办学体制研究［M］．武汉：华中科技大学出版社，2013：22.

式的职业技术培训机构中。

2. 职业教育的特点

探讨职业教育的特点是研究中外职业教育对比的前提，职业教育作为一种教育类型，有其自身的表现形式和特点。

(1) 专业性

职业教育是一种专业性教育，是培养与从事实际生产、管理和服务有关的初级、中级和高级劳动者的狭窄的、机械性的专业性教育。

专业性可以说是职业教育的主要特点之一，也是职业教育与普通教育的主要区别之一。所谓专业性，是指职业教育是专业教育或专门教育，是培养某一职业领域专业人才的教育。这个特点主要是相对于普通基础教育而言的，基础教育没有专业性，而具有基础性，是为各行各业人才培养打基础。同时，虽然普通高等教育具有专业特点，但它的专业又不同于职业教育，它主要侧重培养具有学术性、理论性和基础性的人才。只有职业教育，不论初等、中等或高等职业教育，都是培养一线的技术人员、管理人员、技术工人、新型农民以及其他劳动者，与一线职业的对口性很强，偏重理论的应用、实践技能和实际工作能力的培养。

普通教育主要是指以升学为目标，以基础科学知识为主要教学内容的学校教育。普通教育主要是以教育本身为目标，教授的科学知识是基础性的、普及性的，传播的是一种普遍的观念，不具有某一行业的针对性。而职业教育则以职业需求为目标，针对的是某一具体的行业内容知识而进行的学习，是为了让人掌握职业的实施和技能，可以说是一种经验性的知识。职业教育的专业性特点更多地与教育培养人的实践操作能力紧密联系，这种能力是很多人需要而又相对容易掌握的。

现代职业教育是一种专业性教育，其积极意义不断增强，对现代社会的生产和生活有着重要的作用，它不仅是对社会经济和科技发展的客观反映，也充分尊重了人的个体差异，由于每个人是不同的个体，他们学习的能力是不同的，职业教育针对的是每个人各自的特点，强调的是个人能力的培养和提高。

(2) 区域性

所谓区域性，主要是指职业教育为区域办教育和依靠区域办教育。

关于为区域办教育，是指其为特定区域的经济、社会服务。社会与教育的互动发展表明，教育的区域功能越来越重要，即区域社会、经济、政治、文化的发展和区域教育的联系更加紧密，其中，职业教育的区域经济功能已经成为推动职业教育发展的根本动力，并且职业教育真正承担起了推动经济发展的重任，培养急需的应用型人才。因此，职业教育必须针对本地区经济社会发展状况，针对岗位需求状况，调整专业设置及专业方向，修订教学计划，改革教学内容、课程体系和教学方法，以便更好地服务于地方经济、社会。

关于依靠区域（社区）办教育，是指为更好地服务于区域，它必须充分利用区域（社区）教育资源，依托社区行业、企业、事业单位办教育。现代职业教育的办学和管理模式不再是单纯的学校模式，职业学校教育是一种学校和社会密切结合的教育，主张企业、行业、社会和个人的广泛参与。尤其要重视组建有企业人士参与的专业教学指导委员会，聘请企业领导或工程技术人员参与教学改革，修订培养计划，指导教学设计、教学改革；并要选聘一定比例的有丰富的工程实践经验，又有一定教学能力的工程技术人员为兼职教师，以加强技能、技术教育。学校也要积极与企业联系，建立稳定的实习基地，加强与企业合作的紧密程度，以便建立起与社会、企业联系紧密、沟通及时的职业教育训练体系。

（3）实用性

所谓实用性，就是指职业教育强调实际训练，突出技能、技术教育，为经济社会发展培养一线应用型人才。

职业教育培养人才的一般规律，就是要突出职业教育的“实用”、“实训”、“应用”等特点。要通过建立实训基地，加大实训力度，不断培养第一线的各层次应用型人才。例如，美国、德国等发达国家的职业学校都特别重视提高实践教学的比重，把培养学生的技术应用能力、动手能力作为教学的中心环节。美国社区学院学生的实习、实验和实践时间一般占总学分的三分之一左右，基本上每周都有一项实习。德国提出：在课堂上流汗的不应是教师，而是学生。在其职业教育“双元制”教学体系中，实践课和理论知识课比例为1∶1，有的学校甚至已调整为1.3∶0.7。

总之，必须使教学与生产实践紧密结合，必须考虑实践教学方案和实训基地的融合，加大实践能力培养，要多给学生创造条件接触能够直接获取实践经验为主的企业生产环境，通过校内模拟训练和校外现场实习等一系列实践性教学环节，使学生了解、熟悉并掌握企业的生产规律、工艺、设备和技术等。

（4）大众性

职业教育的大众性有两层性质。

第一层含义是职业教育的人民性。职业教育是面向人人的教育。因此，职业教育必须“有教无类”，代表人民群众的教育利益，最大限度地满足广大民众的需要，以服务民众为宗旨，应保证女童和妇女享有平等的接受职业教育的机会，努力促使失业者、早期辍学者、残疾人、战争难民、农村贫民和复员士兵接受正规或非正规职业教育与培训，使职业指导和职业咨询面向社会所有成员。

第二层含义为每个公民都必须接受一定的职业教育。在当今社会，绝大多数的社会职业无论是技术的还是非技术的，都需要经过一定的职业训练并获得职业资格的人来从事。我国实行“先培训，后就业”的制度，就是对职业教育普及性、大众性的肯定，也是为达到普及职业教育而实行的一项重要措施。

(5) 社会性

黄炎培先生认为，“职业学院从其本质来说，就是社会性；从其作用来说，就是社会化。”职业教育是现代教育的重要组成部分，与现代生产力及人民生活需要密切相关。相对于普通教育来说，职业教育与经济发展的关系更密切、更直接，是实现按劳动力再生产的重要手段，具有广泛的社会性。

职业教育是一种社会需求制约型的教育，其培养目标、发展规模、结构和速度，既受社会需求的推动，又受社会需求的约束。在不同的历史时期，随着社会需求的变化，必然会引发职业教育的发展与变革。

另外，职业教育实施的过程，也早已打上了社会的烙印。除了培养目标的确定、专业的设置、教学内容和教学方式的选择等方面要紧紧围绕社会实际需要之外，职业教育在实施过程中也需要广泛吸引社会力量的参与。这不仅表现在教育办学需要广泛吸引社会力量的参与，职业教育的教学管理、教学过程也需要企业和行业的大力支持和参与，重要的是职业学校学生的就业更需要社会力量的介入。

(6) 终身性

职业教育贯穿于人的一生，是实现终身教育的一种形式。一个人一生中只有接受多次职业教育，才能不断地提升胜任相应工作的能力。

职业教育贯穿于人的一生：在学前及小学教育阶段，对儿童进行包括职业意识、劳动光荣等最基本的职业素质教育；进入中学、大学阶段后，接受职业教育的机会越来越多，既可以通过普通教育教学内容的渗透，接受初级职业教育和培训，也可以通过分流接受就业为导向的职业教育；进入社会以后，人们也必须根据生产、科技发展的需要，接受各种职业培训，以完善自己；当人们到达一定年龄，离开职业岗位，仍然可以根据自己的特点和需求，选择职业教育内容和类型，以充实、完善自己，满足自己对教育享受的需要。

3. 职业教育的核心

职业教育的核心价值是职业教育的又一核心理论问题。对这个问题，学界也存在种种看法，主要可归纳为以下3点。①

一是开发潜在劳动力，维持社会的生存和发展。钱景舫教授指出，职业教育可以把社会的潜在劳动力转变为现实的技术应用型技能人才，提高全民族的职业和技术素质。高奇教授认为，人类生产技能具有不可遗传性，劳动力的再生产是社会再生产的必要条件。由此可以说，“职业教育是维持一个社会生活水准和发展的先决条件”。在这个层面上，基础教育和高等教育无法代替职业教育。

二是为个体发展提供有职业价值的技术知识和技能。西方发达国家的学者基本持这样的看法。美国国家生涯与技术教育研究所所长 James R Stone 认为职业教育是个人发展职业价值技能的一条途径。澳大利亚国家职业教育研究中心研究员 Josie Misko 博士认为，职业教育的核心价值在于“提供职业的和技术方面的知识和技能”，使个体获得就业或创业所需的资格和技能。德国罗斯托克大学哲学系技术教育研究所所长 Friedhelm Eicher 博士则更为具体地阐述了一下，他说，目前职业教育的核心和特征就是促进学习者掌握“参与构建工作任务、产品及其他相关事务”的能力。

三是“以人为本”，促进个体和社会发展。杨金土教授认为，职业教育具有社会价值，它通过人力资源开发实施，人的发展越全面、越充分，创造的社会价值越大。王明达教授认为，职业教育作为教育的一部分，“必须遵循一般的教育规律，坚持以人为本，全面贯彻教育方针，推进素质教育，使受教育者在德、智、体诸方面都得到发展”；受教育者必须具有良好的思想品德、必要的文化基础和一定的专业知识和技能，这样才能够满足社会各产业一线对高素质人才的需求。另外，职业教育给那些“不适应传统教育的人提供了多样化的学习机会和发展空间，使他们的潜能按照适合自己的方式得到开发”。职业教育的价值主要在于“有益于社会发展和人的发展”。澳大利亚阿德雷德大学的张宁博士也认

① 职业教育基本问题访谈录（Ⅲ）. 职业教育的核心价值是什么［J］. 中国职业技术教育，2006(240)：14－15.

为，职业教育的核心价值是通过“提高人类资源质量，促进生产力的发展”来推动社会经济发展。

综合以上分析，各方学者强调较多的是职业教育的个人职业发展的直接价值。而我国学者大多将职业教育的核心价值定位于个体的发展价值和社会生存及发展的价值。

我们认为，一方面职业教育是人类社会生产生活发展的必然结果，另一方面职业教育又促进了人类社会生产生活的发展。因此，职业教育的核心价值在于塑造能够顺利从事生产和生活的、能够实现自身可持续发展的劳动者。

4. 职业教育的发展

（1）国外职业教育的发展

依据社会经济、科技发展水平以及国外职业教育的成熟度，以第二次世界大战为界，可以把国外职业发展划分为成长阶段和新发展阶段。①

① 国外职业教育的成长阶段——19 世纪中叶至第二次世界大战前。

伴随着工业经济的发展，生产力的日益提高，世界职业教育得到了长足的进步。从 19 世纪中叶到 20 世纪中叶，国外职业教育的规模、体系、管理制度都日趋成熟，这一时期国外职业教育发展呈现如下特点。

- 国家高度重视，并以立法、拨款等举措推进职业教育的发展。
- 重视职业教育科学研究。
- 全面动员，广泛参与。

② 国外职业教育的发展阶段——第二次世界大战后。

第二次世界大战后（20 世纪 40 年代后），出现了一次人类历史上影响极其深远的全面的技术革命。这次革命以原子能、电子计算机和空间技术的应用为主要标志。

国际上有关专家和学者围绕职业教育的发展问题进行了广泛深入的调查研究，并形成比较系统的职业教育的发展思想。具有代表性的人物主要有巴洛夫（Thomas Balogh）与福斯特（PhilipJ. Foster），他们是第二次世界大战后国际职业教育界极具影响力的两位学者，他们的观点代表了第二次世界大战后职业教育发展的不同理念。

第二次世界大战以后，由于国情不一，各国职业教育的发展也不尽相同，但总的来说还是呈现出以下一些共同特点。

- 职业教育发展国际化。

---

① 马建富．职业教育学［M］．上海：华东师范大学出版社，2015.

• 注重依法治教。

• 完善职业教育体系，形成严密的职业教育网络。

• 重视职业教育师资的培养。

（2）我国职业教育的发展

自20世纪初以来，我国的职业教育迎来了一个难得的发展机遇，从而获得了空前的发展，分为以下4个阶段。

① 实业教育制度的建立（1903—1911）。

我国近代第一个正式颁布并实施的学制是1904年清政府颁布的《奏定学堂章程》，亦称“癸卯学制”。癸卯学制详尽地规定了各级各类实业学堂的性质、任务、入学条件、修业年限和实业学堂间关系，从制度上确立了我国学校职业教育的体系。

② 实业教育改革（1912—1921）。

1912年，南京临时政府设立教育部，任命蔡元培为教育总长，颁布新的学校系统图并付诸实施，旧称壬子学制。此后至1913年间，陆续制定并颁布了《专门学校令》《公私立专门学校规程》《实业学校令》和《实业学校规程》等。这些规程与壬子学制相互补充，形成了一个更为完整的学校系统，统称为壬子癸丑学制，这一学制到1922年新学制产生时才被废止。

这一时期产生了一些重要的职业教育思想。在清末张之洞等人推崇的“尚实”教育宗旨的基础上，1912年，蔡元培提出实利主义的教育方针；而在这个时期对实业教育产生最大影响的莫过于黄炎培先生。黄炎培先生于1913年在《学校采用实用主义之商榷》一文中提倡“实用主义”教育，并主张把“实业教育”改名为“职业教育”。

③ 职业教育的兴起与发展（1922—1948）。

北洋政府于1922年颁布了以美国学制为蓝本的壬戌学制，即《学制系统改革案》，以职业学校代替了旧学制中的实业学校，第一次从学制上确立了职业学校的名称。

1926年中国近代职业教育的奠基人黄炎培先生提出了“大职业教育主义”。

1927年至1937年，国民政府对职业教育更多的工作是制定了一系列的法规和章程，使之日臻完备，并付诸实施。1937年抗战爆发，国民政府自谋国防工业与经济建设的出路，工业有一定程度的发展；再加上抗战期间职业教育一方面为战争培养各种急需的技术人才，另一方面为经济建设培养各种应用人才，因此，抗战时期职业教育并没有停滞，反而呈现出多规格、多层次、多形式的发展态势。但抗战胜利后，国民政府忙于内战，经济凋敝，职业教育又陷入了困境。

④ 职业教育的新发展（1949—　）

以中华人民共和国成立为标志，职业教育进入了一个新的历史发展时期，这个时期的职业教育可以分为 3 个阶段：新中国成立初期至十一届三中全会前的职业教育；十一届三中全会至 20 世纪末的职业教育；21 世纪以来的职业教育。

• 新中国成立初期至十一届三中全会前的职业教育。

新中国成立后，在旧中国职业教育的基础上，对职业教育进行了整顿和调整，1951 年国务院做出了改革学制的决定，将职业学校改称为中等专业学校，并在对事业人员进行就业培训的基础上兴办了技工学校。1958 年后创办了农业中学，1964 年前后根据刘少奇同志实行“两种教育制度、两种劳动制度”的精神，发展了半工（农）半读中学，并创办了城市职业中学，开创了中国职业教育新阶段，职业教育成为中国教育体系的一个重要组成部分。

• 十一届三中全会至 20 世纪末的职业教育。

党的十一届三中全会做出了把工作重点转移到社会主义现代化建设上来的战略决策。1976 年 4 月邓小平同志代表中共中央在全国教育工作会议的讲话中指出：“应该考虑各级各类学校发展的比例，特别是扩大农业中学、各种中专学校、技工学校的比例。”1980 年国务院批准了《关于中等教育结构改革的报告》，提出：“发展职业教育，适应四化建设需要，是当前亟待解决的问题。”

1985 年，全国教育工作会议发布了《中共中央关于教育体制改革的决定》这一具有重要历史意义的文件，指出：“社会主义现代化建设不但需要高级科学技术专家，而且迫切需要千百万受过良好职业培训的城乡劳动者。没有这样一支劳动大军，先进科学技术和先进设备就不能成为现实社会生产力。但是，职业教育恰恰是我国整个教育事业的薄弱环节。一定要采取切实有效的措施改变这一状况，力争职业教育有一个大的发展。”该《决定》引领和影响着 30 年来我国教育事业的各项决策和部署。1986 年 7 月，全国职业教育工作会议召开，“会议任务是贯彻党中央关于教育体制改革决定，总结经验，研究和确定今后一个时期改革和发展职业教育工作的任务、工作方针和政策措施”。

1991 年 1 月，原国家教委、国家计委、劳动部、人事部、财政部在北京联合召开了全国职业教育工作会议，并审议通过了《关于发展改革职业教育的决定》。该《决定》为20世纪90年代职业教育发展指明了努力的方向，并使得“八五”时期成为20世纪90年代中期以前我国职业教育发展最快的历史时期。

1993年2月，中共中央、国务院颁发了《中国教育改革和发展纲要》，提出“职业技术教育是现代教育的重要组成部分，是工业化和生产社会化、现代化的重要支柱。各级政府要高度重视，统筹规划，贯彻积极发展的方针，充分调动各部门、企事业单位和社会各界的积极性，形成全社会兴办多形式、多层次职业技术教育的局面。”

1996年5月，《中华人民共和国职业教育法》颁布实施。这是我国职业教育发展史上具有里程碑意义的大事，为职业教育的发展和改革提供了有力的法律保障。自该法颁布实施以来，我国职业教育的发展步入了法制化时代。

1999年发布《关于深化教育改革全面推进素质教育决定》。

- 现代职业教育。

进入21世纪，伴随着我国改革开放与经济建设的日益加快与深化，社会经济对职业技术技能人才的需求量迅速增加，层次也不断提升，我国的“珠三角”和“长三角”地区甚至全国相继出现并开始蔓延“技工荒”现象。职业教育发展受到了前所未有的关注。

2002年，国务院组织召开了全国职业教育工作会议，并出台了《国务院关于大力推进职业教育改革与发展的决定》，进一步加强了对职业教育工作的领导和支持，“以就业为导向，改革与发展职业教育”逐步成为社会共识，职业教育规模进一步扩大，服务经济社会的能力明显增强。

2005年11月，国务院又一次组织召开了全国职业教育工作会议，制定出台了国务院《关于大力发展职业教育的决定》。该《决定》指出：“到2010年，中等职业教育招生规模达到800万人，与普通高中招生规模大体相当；高等职业教育招生规模占高等教育招生规模的一半以上。”

随着我国社会经济转型升级的步伐日益加快，国家逐渐将职业教育的发展纳入到国家战略发展体系。2010年，《国家中长期教育改革和发展规划纲要（2010—2020年）》提出：“2020年，基本实现教育现代化，基本形成学习型社会，进入人力资源强国行列。”同时指出：“发展职业教育是推动经济发展、促进就业、改善民生、解决三农问题的重要途径，是缓解劳动力供求结构矛盾的关键环节，必须摆在更加突出的位置。职业教育要面向人人、面向社会，着力培养学生的职业道德、职业技能和就业创业能力。到2020年，形成适应经济发展方式转变和产业结构调整要求、体现终身教育理念、中等和高等职业教育协调发展的现代职业教育体系，满足人民群众接受职业教育的需求，满足经济社会对高素质劳动者和技能型人才的需要。”

2014年6月，召开了第七次全国职业教育工作会议。会议以加快构建以就业为导向的现代职业教育体系为主题，进一步深化认识了职业教育在国家经济建设、民生幸福、提高就业以及在实现中华民族伟大复兴的中国梦中的重要意义，并就未来我国职业教育的改革创新做出部署。为更好地落实会议精神，推进职业教育发展，国务院颁发了《关于加快发展现代职业教育的决定》，明确提出："到2020年，形成适应发展需求、产教深度融合、中职高职衔接、职业教育与普通教育相互沟通，体现终身教育理念，具有中国特色、世界水平的现代职业教育体系”。

与此同时，教育部、国家发改委、财政部、人力资源社会保障部、农业部、国务院扶贫办六部门联合颁发了《现代职业教育体系建设规划(2014—2020年)》。明确指出，现代职业教育是服务经济社会发展需要，面向经济社会发展和生产服务一线，培养高素质劳动者和技能人才并促进全体劳动者可持续职业发展的教育类型。

现代职业教育体系具有以下五大基本特征：一是以就业为导向；二是建立系统化的技术技能人才培养体系，职业教育的定位是培养生产服务一线的数以亿计的工程师、高级技工和高素质劳动者，职业教育的使命是支持国家完成工业化、信息化和现代化的技术技能积累；三是将产教融合、校企合作贯穿体系建设全过程，在办学体制上，强化行业指导、深化企业参与，明确企业参与职业教育的责任，推动企业参与人才培养全过程，在人才培养模式上，通过专业与产业企业岗位，专业课程内容与职业技能标准，教学过程与生产过程的紧密对接，积极推进学历证书和职业资格证书“双证书”制度，使职业教育更加适应产业需求、职业需求；四是构建开放立交、内外衔接的人才成长“立交桥”，以满足社会对人才的需求和学习者职业发展的目标；五是充分发挥市场作用、充分调动社会资源。

2.3.2 具有职业教育特色的授导型教学法

强调实践性，动手能力、创新能力的培养，和职业教育特色相同。综合相关材料，职业教育运用较多的教学方法有角色扮演法、案例教学法、项目教学法、任务驱动法、合作学习、问题教学法、情境教学法、理实一体化教学法、行为导向教学法、校企协作教学法等。

1. 任务驱动教学法

任务驱动教学法是一种能够很好应用于实验性、实践性与操作性较强的教学内容的教学方法，它以富有趣味性，能够激发学生学习动机与好奇心的情景为基础，与教学内容紧密结合的任务为载体，使学习者在完成特定任务的过程中获得知识与技能的一种教学方法。任务驱动教学方法体现了以任务为明线、以培养学生的知识与技能为暗线、教师为主导、学生为主体的基本特征。①

任务驱动教学法的核心是“以学习者为中心”和“以人为本”，其哲学心理学的依据是当前流行的“建构主义”，具有深厚的理论依据。“任务驱动”要求在教学过程中，以完成一个个具体的任务为线索，把教学内容巧妙地隐含在每个任务之中，让学生自己提出问题，并经过思考和教师的点拨，自己解决问题。

任务驱动的特点如下。

① 在教学内容安排上，根据学生的接受能力及信息时代的需求，以“任务”为线索、以“子任务”为模块，精心组织教学内容，使其符合学生的认知特点，特别是强调所学知识要与时代同步。

② 在教学方法上，强调学生的自主发展，强调培养学生的自学能力，在教学过程中不断地用“任务”来引导学生自学，让学生根据“任务”的需求来学习。

③ 在能力培养上，着重培养学生的创新精神和合作意识。学生在完成任务的过程中，学会积极地思考、探索，每个人的思路、想法不尽相同，教师可以引导他们进行讨论、交流，并适当地给以点评，使他们相互取长补短，既调动了学生的积极性，又培养了他们的创新精神和合作意识。

2. 案例教学法

案例教学法（case teaching method）起源于美国哈佛大学（1918），随着它在教学实践中不断完善，已成为美国职业教育普遍采用的教学方法之一，充分显示了它的教学价值。所谓案例教学法是指教师本着理论与实践有机整合的宗旨，依据教学目的与要求，以案例为基本素材，将学生引入一个特定的真实情境中，通过师生、生生之间双向和多向互动，积极参与，平等对话和研讨，重点培养学生的批判反思意识及团体合作

---

① 郭绍青. 任务驱动教学法的内涵［J］. 中国电化教育，2006（7）：57—59.

能力，并促使学生充分理解问题之复杂性、变化性和多样性等属性的教学方法。[①] 正确认识案例教学法对准确地把握和运用案例教学法是非常必要的。

（1）以学生为主、着眼于能力培养

案例教学法主要着眼于学生能力的培养，在整个教学过程中，自始至终都是以学生为主。学生先要自己阅读、分析案例，然后进行小组讨论和班级讨论，最后自己撰写案例分析报告。案例教学中的讨论是案例教学的关键与中心环节。教师要创造机会让学生走向前台发挥主角作用，教师则尽可能走向幕后发挥导演作用。形成富有压力的学习机制，有利于调动学生学习的积极性和主动性，使学生的能力在学习过程中得到锻炼和提高。

案例教学是模拟真实问题，让学员综合利用所学的知识进行诊断和决策，从而提高学员分析问题和解决问题的能力；案例教学所追求的不是要求学员找到唯一正确解决问题的答案，而是依据学员在开放的教学环境中，发挥主观能动作用，增强消化和运用知识与经验的能力。在案例教学过程中，学员不仅能从讨论中获得知识、经验和思维方式上的益处，而且能从讨论中学会与人沟通，提升处理人际关系的能力。

（2）教学案例具有真实性

案例的素材取之于实践，有真实的细节。案例教学法是把案例作为一种教学工具，使学员有机会身临其境地将自己置于决策者或解决问题的地位，认真对待案例中的人和事，认真分析各种数据和错综复杂的案情，找出解决问题的方法。因此教学案例一定要真实可信。

（3）强调全员参与性和个体主动性

案例教学法中教学的主体应是全体学员，教师的责任是选择好案例，组织和指导好课堂讨论，让全体学员都参与进来。在案例所描述的特定环境中，对案例所提问题进行讨论、争辩，并在此过程中相互学习，促使学员刨根问底地找到最佳决策。因而，它强调全体学员的共同参与和积极思维，强调主动学习。

案例教学法强调双向交流和联动机制，由教师和学生共同参与讨论和分析，案例构成课堂讨论的基础。在案例教学中有许多活动，通过群体的互动，集思广益，形成较为完善的方案。教师要融入学生群体中，学生也必须改变过去那种松散的独来独往的学习习惯，自觉自愿地逐步形成一个学习共同体，在这个共同体中学会相互交流、获取与奉献。

---

① 陈玉荣．试论案例教学法［J］．中国职业技术教育，2004（11）：01.

案例教学使学生的学习由被动接受知识，变为主动探索。它训练的是决策艺术，锻炼学生以“当事人”身份，身临其境地解决问题，并在不圆满的条件下做出自己独立的决策，从而可以不断提高学生的决策能力、分析和解决问题的能力，提高学生的综合素质。

（4）案例答案的多元化和最佳化

案例为全体学员提供了同样的情景和信息，从同一起点出发，人们会提出不同见解，它不存在什么标准答案。为了解决问题，有时会有多种解决的方案，有时也可以从多种方案的比较鉴别中寻找出最为合适的答案（即最佳化）。

由于案例教学不重视寻找正确的答案，重视的是得出结论的思考过程及解决问题的方法，因而可以不断培养学生的感应能力和反应能力；又因案例教学倡导多向、发散型的思维方式，不求聚合效应，可以充分培养学生的创造力和想象力。对案例教学而言，学习的过程就是学习的内容，教师教学的过程就是教学的内容。

3. 启发式教学法

启发式教学法指教师在教学过程中根据教学任务和学习的客观规律，从学生的实际出发，采用多种方式，以启发学生的思维为核心，调动学生的学习主动性和积极性，促使他们生动活泼地学习的一种教学指导思想。

课堂教学是教学工作的最基本形式，目前各种课堂教学，往往以教师为主，教师或滔滔不绝，一讲到底，或以问代讲，一问到底，学生的读书时间、思考时间、讨论时间都被挤掉了，学生的能动性、创造性被压抑，主动性被埋没，成了被动接受知识的“容器”。而启发式教学则强调了培养学生的主体意识，发挥学生的主观能动性，通过教师的设问、启导，开启学生的心灵，发出他们的心声，引起学习的兴趣，导出学习的最佳境界，在教学过程中充分突出了学生的主体地位，教师的主导作用，让课堂教学焕发出生命的活力。

启发式教学自东方的孔子、西方的苏格拉底开始，至今已有两千多年的历史，所以说，启发式教学是古老的；但是，启发式又是一个新鲜的教学理念，随着社会进步，科学技术传承、创新、发展，人们又赋予启发式以新的内涵，各式各样和各种流派的启发式教学风靡全球，有人称其为现代启发式。

启发式教学法具有以下特点。

（1）启发式教学确立了主体教育观，让学生真正成为学习活动的

主人

传统的应试教育往往以“讲”代“练”，以“教”代“学”，满堂灌，将学生当作被动接受的“容器”，教师对学生“你不想学我要你学”，“你不会学我教你学”，不把学生当主人。而在启发式教学中，教师把主要精神和时间放在激发学生的学习兴趣上，在“导”字上下工夫，“精讲”上动脑筋，使学生始终处于自觉、积极的心态之中，全身心地投入到学习上，教学以学生为主体，使学生成为教学的主体。如在启发式教学中，让学生自己总结方法，发表看法，讨论问题，编题解答等，都是学生主体性的表现。

（2）启发式教学充分发挥了教师的主导作用

在课堂教学中，教师的主导作用，体现在“导”上，他是教学任务的领导者，教学目标的制订者，教学课程的组织者，文化知识的传递者，学生求知的启发者，学生的学习活动的指导者，学生发展多种可能性、选择性、可变性的调控者，为学生的学习导向引航。这就要求教师必须研究学生内心想法和需求，从学生的知识水平，能力水平，动机水平的实际出发，采用风趣讲解，设疑引思，模拟演示等有效措施，调动每一个学生的学习积极性，使每一个学生都有在各自原有的基础上得到应有的进步。在启发式教学中，如果没有教师的设问、启导是难以想象的。正是教师所提出的启发式问题，犹如一个个闪光点，在学生的“头脑库存”中引起碰撞，迸出火花，把学生现实的“惑”和原有的见闻、体验、知识，认识沟通起来，最后水到渠成地解决问题。可见，启发式教学充分发挥了教师的主导作用。

（3）启发式教学加强了师生双方情感交流，营造了民主和谐、愉悦的课堂教学气氛

中国历来讲究“师道尊严”。课堂教学中，教师教、学生学的教学形式是天经地义。教师高高在上，扮演着“传道、授业、解惑”的角色，其权威性不可动摇，而学生只有处于被接受的状态，很少有自由学习，主动学习的机会。长此以来，学生变得不敢想，不敢说，仿佛学习的事只要跟着教师就行了，有的甚至到了“唯师命是从”的地步。这种僵化、刻板、拘束的学习氛围无疑成了学生学习的枷锁。在启发性教学中，教师摒弃了“满堂灌”的传统做法，通过教师的设问、启导，不仅调动了学生思维的积极性，让学生敢于发表不同的见解，在民主讨论的基础上获得新知，而且还要了解感受学生对设问、启导的反应，然后根据这些及时给予评价或进一步启导，甚至改变教法。学生从教师的评价

和启导中也及时获得了反馈信息，这些反馈信息使学生集中注意调整情绪，强化正确，改正错误，促进学习。只有通过师生间的情感交流和认知信息的反馈，教学活动才能顺利进行，教学才能成功。

（4）启发式教学注重学习方法的指导和学习能力的培养

孔子说："不愤不启，不悱不发，举一隅不以三隅反，则不复也"。（《论语—述而》）意思是：一个学生如果缺少奋发学习的精神，就先不去开导他；如果没有看到他口里想说而又说不出的样子，就不去启发他。这也印证了心理学的研究"学习效果不仅与人的智力和学习方法有关而且与学习心态有关"。教师的言谈举止含蓄而富于启发，就有利于学生形成最佳的学习心态，引起学生无穷的兴趣，在兴致勃勃中来学习知识，他们会感到愉快，学得快，记得牢。另外根据学生好动、好胜、好强、好奇的心理特点，设计有启发性的问题；操作演示学具、教具；利用多种媒体共同发挥作用，使课堂教学取得事半功倍的效果。

在启发式教学中，通过教师的设问、启导、引导学生自己的学习过程中学会求知，学会观察，学会操作，掌握学习方法，形成较强的学习能力，达到"授人以渔"的目的，实现"举一反三"这个启发的最高目标。

总之，与传统的课堂教学不一样，启发式教学是在师生人格完全平等的基础上进行的富于爱心的交流，是人与人精神的契合，是相互尊重和创造，是师生共同进行的美的创造活动。它使师生的生命力在课堂上得到积极发挥，使课堂教学焕发出生命的活力。

课堂训练

结合职业教育定义及自身在职业院校的教学工作经历，谈一谈职业教育教学的特殊性。

实践任务

利用授导型教学法组织一节课堂教学。

拓展阅读

拓展资料（一）：相关论文、著作

（1）CarlD. Perkins Vocational and Applied Technology Education Amenddentsof 1998.

(2) 王洪涛．职业教育课程教学信息化存在的问题及对策［J］．职业技术教育，2010（32）：54－55.

(3) 田宏忠．对“十二五”职业教育信息化的思考［J］．中国职业技术教育，2012（24）：32－35.

(4) 马金强，蓝欣．我国职业教育信息化建设的现状及对策分析［J］．教育与职业，2008（23）：10－11.

(5) 魏民．提高职业教育信息化水平加快推进现代职业教育体系建设［J］．中国职业技术教育，2014（21）：221－226.

(6) 王钊．现代职业教育教学信息化的设计与实施［J］．职教论坛，2014（30）：72－75.

(7) 徐健．职业教育信息化深度发展与趋势分析［J］．职业教育研究，2011（01）：10－12.

(8) 吴勇．以信息化与虚拟仿真推动职业教育教学改革［J］．广州城市职业学院学报，2011（04）：22－25.

(9) 何胜晓．职业教育实践教学环节的信息化建设及其育人功能［J］．教育与职业，2013（06）：163-164.

(10) 王中军．基于信息化视阈的职业教育校企合作、产教结合人本思想探索［J］．教育与职业，2013（32）：171－172.

(11) 马建富．职业教育学［M］．上海：华东师范大学出版社，2015.

(12) 李洪波．职业教育信息化教程［M］．南宁：广西师范大学出版社，2013.

(13) 邓泽民，张扬群．现代四大职教模式［M］.2 版．北京：中国铁道出版社，2011.

(14) 张栋梁．中外职业教育发展对比研究［M］．吉林：吉林大学出版社，2011.

(15) 吴高岭．高等职业教育多元化办学体制研究［M］．武汉：华中科技大学出版社，2013.

(16) 姜大源，吴全全．当代德国职业教育主流教学思想研究［M］．北京：中国文史出版社，1995.

(17) 黄炎培．中华职业教育社奋斗三十二年发的新生命．黄炎培教育文集（第四卷）［M］．北京：清华大学出版社，2007.

(18) 孙震．我国职业教育信息化建设现状及对策研究［J］．当代职业教育，2010（10）：23-29.

（19）石伟平．比较职业技术教育［M］．上海：华东师范大学出版社，2001.

（20）肖仙爱．河南科技［J］．科技纵横，2010：36－37.

（21）郭绍青．任务驱动教学法的内涵［J］．中国电化教育，2006（7）：57－59.

（22）陈玉荣．试论案例教学法［J］．中国职业技术教育，2004.

（23）鲁昕．教育改革突破口在现代职业教育［J］．中国发展观察，中国发展高层识论坛，2014：10－11.

（24）职业教育基本问题访谈录（Ⅲ）．职业教育的核心价值是什么［J］．中国职业技术教育，2006（240）：14－15.

第 3 章

授导型教学法的信息化教学设计

学习要点

- 掌握教学设计和信息化教学设计的含义。
- 了解信息化教学设计的特点，能够阐述信息化教学设计的基本步骤，并作出评价。
- 了解授导型教学设计的定义及特点。
- 掌握授导型教学设计的基本步骤，掌握教学目标分析、学习者特征分析、教学方法选择、教学媒体选择的一般方法。
- 按照授导型教学设计的基本步骤，针对具体教学内容，设计授导型教学设计方案。
- 能够评价授导型教学设计方案并进行修改。

3.1 教学设计概述

学习要点

- 熟悉教学设计的基本定义。
- 了解教学设计的层次。
- 了解教学设计的一般特性、基本要素，各个要素的含义以及它们之间的关系。
- 熟悉教学设计的学习方法。

情景描述

教学设计是20世纪60年代以来逐渐形成与发展起来的一门具有较强实践性的新兴学科，是教育技术领域中的一个重要分支。那么，什么是教学设计？加涅、肯普、史密斯、梅瑞尔、帕顿、乌美娜和何克抗等专家各抒己见，使教学设计的概念层出不穷。

完成任务

了解教学设计定义的不同观点（http://www.kyedu.net/jspx/m2/M2_2.html），针对某种观点加以评述，体会教学设计的基本要素。

知识与技能

在理解教学设计概念、层次和基本要素的基础上，教师能够进行教学设计。

3.1.1 教学设计的概念

教学设计（Instructional Design，ID）是运用系统方法分析教学问题和确定教学目标，建立解决教学问题的策略方案、试行解决方案、评价试行结果和对方案进行修改的过程。它以优化教学效果为目的，以学习、教学、传播等为理论基础。①

教学设计亦称教学系统设计。它把课程设置计划、课程大纲、单元教学计划、课堂教学过程、媒体教学材料等看成是不同层次的教学系统，并把教学系统作为其研究对象。

教学设计作为一个系统计划的过程，是应用系统方法研究、探索教学系统中各个元素（教师、学生、教学内容、教学条件、教学目标、教学方法、教学媒体、教学组织形式和教学活动等）之间的本质联系，并通过一套具体的操作程序来协调、配置，使各要素有机结合完成教学系统的功能。而且系统计划过程中每一个程序都有相应的理论和方法作为科学依据，每一步“输出”的决策均是下一步的“输入”，每一步又均

① 乌美娜. 教学设计［M］. 北京：高等教育出版社，1998.

从下一步的反馈中得到检验，从而使教学设计具有很强的理论性、科学性、再现性和操作性。

教学设计的结果（或称教学设计过程的产物）是经过验证，能实现预期功能的教学系统。它们可以是直接使用于教学过程，完成一定教学目标的教学资源，如印刷教材、音像教材、学习指导手册、测试题和教师用书等；也可以是对一门课的大纲与实施方案或对一个单元、一节课教学计划的详细说明。

教学设计是解决一系列复杂教学问题、寻找最佳解决方案的过程，必须由掌握教学设计基本技术的教师或专门人员进行操作。

3.1.2 教学设计的层次

教学设计是一个问题解决的过程。那么，根据教学中问题范围、大小的不同，教学设计也相应地具有不同的层次，即教学设计的基本原理与方法可用于设计不同层次的教学系统。教学设计发展到现在，一般可归纳为3个层次。

（1）以“产品”为中心的层次

教学设计的发展是从以“产品”为中心的层次开始的。它把教学中需要使用的设备、教材、电子包等当作产品进行设计。教学产品的类型、内容和教学功能常常由教学设计人员、教师、媒体专家和学科专家共同确定，并对产品进行设计、开发、测试和评价。

（2）以“课堂”为中心的层次

这个层次的设计范围是课堂教学，它是在规定的教学大纲和计划下，针对一个班级的学生，在固定的教学设施和教学资源条件下进行教学设计。其设计工作的重点是充分利用已有的设施，选择或编辑现有的教学材料来完成目标，而不是开发新的教学材料（产品）。整个课堂层次的教学设计可由教师自己承担完成，也可由教学设计人员辅助进行。

（3）以“系统”为中心的层次

按照系统观点，上面两个层次的课堂教学和教学产品都可被看做教学系统，但这里所指的系统是特指比较大和复杂的教学系统。例如，个别化学习系统、一个学校或一门新专业的课程设置、职业教育中职工培训方案或一门课程的大纲和实施计划等。这一层次的设计通常包括系统目的、目标、实现目标的方案设计、试行、评价和修改等，涉及面广，设计难度大，而且系统设计一旦确定，使用和推广范围比较大，牵涉人员比较多。因此，这一层次的设计需要由专业教师、教学设计人员、行政管理人员和学生组成的设计小组来共同完成。

以上 3 个层次是教学设计发展过程中逐渐形成的一种观点。当然，也可以把教学设计分为宏观和微观两个层次，规模大的项目如课程开发、培训方案的制订等都属于宏观层次的教学设计；而对一门具体的课程、一个单元、一节课甚至一个媒体材料的设计都属于微观层次的教学设计。产品、课堂、系统 3 个层次都有相应的教学设计模式，在具体设计实践中，可以按照自己面临教学问题的层次，使用相应的设计模式。[①]

3.1.3 教学设计者的基本素质要求

教学设计人员是设计过程的协调者和组织者，是设计方案的制订者，是执行设计程序的控制者，因此要保证教学设计的成功，教学设计人员必须具备以下基本素质。

1. 学术上的基本素质要求

① 具有一定的教学经验。

② 具有较扎实的教育学、心理学、传播学、媒体技术、哲学等方面的理论基础。

③ 熟练掌握教学设计的基本原理、方法和操作技能。

④ 具有较强的沟通组织能力。

2. 一般性的素质要求

① 从事过一定的教学活动，并对教育教学充满乐趣。

② 有工作责任感，敢于做出决策并承担责任。

③ 为人诚恳，善于处理人际关系，能团结其他专家一起工作。

④ 具有良好的时间意识，并具有比较强的执行力。

⑤ 坚强、有耐心，有排除挫折和克服困难的能力与决心，有很好的逻辑思维和创造性思维能力，能分析复杂问题并能辨别关键因素。

⑥ 勇于改革和尝试新事物，并敢于承认错误，正视自己的不足与不懂之处。

---

① 乌美娜. 教学设计 [M]. 北京：高等教育出版社，1998.

3.1.4 教学设计的一般特征

教学设计是根据教学对象和教学目标，确定合适的教学起点与终点，对教学诸要素进行有序、优化地安排，形成教学方案的过程。它是一门运用系统方法科学解决教学问题的学问，它以教学效果最优化为目的，以解决教学问题为宗旨。具体而言，教学设计具有以下特征。

① 教学设计是把教学原理转化为教学材料和教学活动的计划。教学设计要遵循教学过程的基本规律，选择教学目标，以解决教什么的问题。

② 教学设计是实现教学目标的计划性和决策性活动。教学设计以计划和布局安排的形式，对怎样才能达到教学目标进行创造性的决策，以解决怎样教的问题。

③ 教学设计是以系统方法为指导。教学设计把教学各要素看成一个系统，分析教学目的、教学目标、教学对象，确立解决的程序纲要，使教学效果最优化。

④ 教学设计是提高学习者获得知识和技能的效率及兴趣的技术过程。教学设计是教育技术的组成部分，它的功能在于运用系统方法设计教学过程，使之成为一种具有操作性的程序。

⑤ 评价是设计和修改过程的一部分。教学过程是非常复杂的，它不可能像自然科学那样有固定的因果关系，教学设计根据科学原理制定的策略须经过多次反复的试行和修改才能达到最优效果。所以评价也是反馈，是教学设计重要的调控信息。按照学生达到预期目标的能力来测试，即进行评价。把评价的重点放在学生自身知识、技能、情感和能力的发展上。

3.1.5 教学设计的基本要素

“模式”是对理论的一种简洁的再现。不论何种教学设计模式，都包含有教学任务和对象、教学目标、教学策略、教学过程、教学评价 5 个基本要素。它们相辅相成、相互制约，构成了教学设计的总体框架。

1. 教学任务和对象

现代教学理念下，课堂教学不再仅仅是传授知识，而是要着眼于学生自身的发展。在教学过程中如何促进学生的发展，培养学生的能力，是现代教学思路的一个主要理念。以往教师关注的主要是“如何教”的问题，那么现今教师更加关注的是“教什么”的问题。也就是需要明确教学的任务，进而提出教学目标，选择对应的教学内容和制定相关的教学策略。因此，教学由简单的传授课本知识向如何提高学生的创新能力转变。

2. 教学目标

教学目标是对学习者通过教学后应该表现出来的可见行为的具体、明确的表述。它是预先确定的，通过教学可以达到的并且能够用现有技术手段测量的教学结果。教学目标具有客观性和主观性并存、动态性和稳定性并存、系统性、层次性和时限性等特点。①

现代课程标准从关注学生的学习出发，强调学生是学习的主体，教学目标是由师生共同追求的，教学目标的主体是教师与学生。教学目标确立了知识与技能、过程与方法、情感态度与价值观三位一体的课程教学目标，它与传统课堂教学只关注知识的接受和技能的训练截然不同，更加突出了过程与方法的地位。

3. 教学策略

教学策略是对完成特定的教学目标而采用的教学活动的程序、方法、形式和媒体等因素的总体考虑。② 它是实施教学活动的基本依据，是教学设计的中心环节。教学策略最重要的目的就是根据特定的教学条件和教学目标，制定出向学生提供教学内容、组织教学活动的方法和步骤，最终提高教学效率和提高教学质量，实现教学的最优化。

特别强调，常规的传统媒体在现代教学中还具有相当大的作用，所以在设计使用媒体时不能忽视对传统媒体的利用。

4. 教学过程

教学过程，即指教学活动的展开过程，是教师根据一定的社会要求和学生身心发展的特点，借助一定的教学条件，指导学生通过教学内容的学习从而认识客观世界，并在此基础之上发展自身的过程。教学过程是课堂教学设计的核心，因此教学目标、教学任务、教学分析、教学媒体的选择等，都将在教学过程中得到体现。

5. 教学设计自我评价

现代教育理念下，教学设计的功能与传统教案的不同之处在于它不

① 何克抗，林君芬，张文兰．教学系统设计［M］．北京：高等教育出版社，2005.

② 乌美娜．教学设计［M］．北京：高等教育出版社，1998.

仅仅是教学的依据，而且能够促使教师去理性地思考教学，同时在教学元认知能力上有所提高，只有这样，才能够真正体现教师与学生共同发展的教育目的。

从教学设计模式的理论基础和实施方法来看，分为以教为主的教学设计模式、以学为主的教学设计模式、以“教师为主导，学生为主体”的教学设计模式 3 类。

Dick 和 Carey 模式，是典型的教学设计过程模式之一，它比较全面地包含了教学设计过程的各要素，可归纳为分析教学目标、制定教学策略和实施教学评价 3 部分内容，如图 3-1 所示。

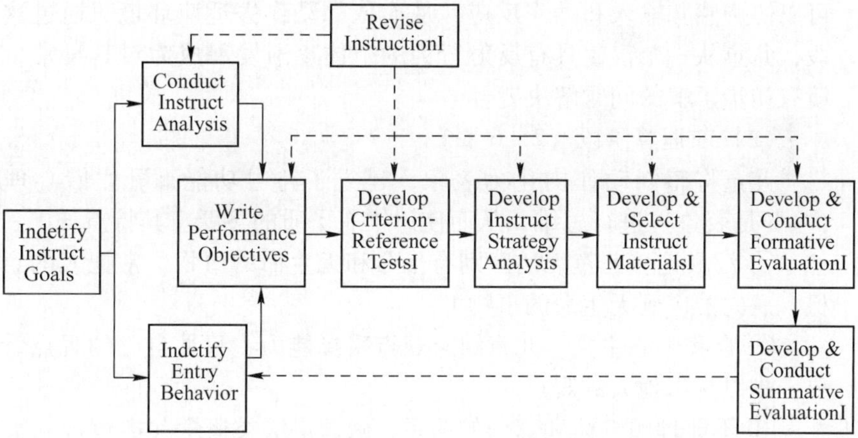

图 3-1　Dick 和 Carey 模式

课堂训练

1. 分析教师该如何进行课堂教学设计，并提出自己的建议。
2. 列举对教学设计人员素质的要求（3 条以上）。

实践任务

1. 查阅我国有关教学设计的书籍、文章及发表日期，分析我国教学设计发展的历史和现状。

2. 收集我国教学设计实践中运用的设计过程模式，并分析其层次、应用范围和公共特征等要素。

3. 分析自己要成为一名合格的教学设计人员，还存在哪些差距，要做出什么样的努力。

4. 翻译：查找国外有关教学设计的最新文献，选择一篇（不低于3000字）翻译成中文。

拓展阅读

1. 拓展资料（一）：皮亚杰的认知发展阶段理论

皮亚杰把认知发展视为认知结构的发展过程，分为4个阶段。

（1）感知运动阶段（0~2岁）

这个阶段儿童的主要认知结构是感知运动图式，儿童借助这种图式可以协调感知输入和动作反应，从而依靠动作去适应环境。通过这一阶段，儿童从一个仅仅具有反射行为的个体逐渐发展成为对其日常生活环境有初步了解的问题解决者。

（2）前运算阶段（2~6岁）

儿童将感知动作内化为表象，建立了符号功能，可凭借心理符号（主要是表象）进行思维，从而使思维有了质的飞跃。其特点如下。

① 泛灵论。儿童无法区别有生命和无生命的事物，常把人的意识动机、意向推广到无生命的事物上。

② 自我中心主义。儿童缺乏观点采择能力，只从自己的观点看待世界，难以认识他人的观点。

③ 不能理顺整体和部分的关系，缺乏层级类概念（类包含关系）。

④ 思维的不可逆性。

⑤ 缺乏守恒。认识不到在事物的表面特征发生某些改变时，其本质特征并不发生变化。

（3）具体运算阶段（6~12岁）

在该阶段内，儿童的认知结构由前运算阶段的表象图式演化为运算图式。其具体运算思维的特点是具有守恒性、脱自我中心性和可逆性。皮亚杰认为，该时期的心理操作着眼于抽象概念，属于运算性（逻辑性）的，但思维活动需要具体内容的支持。

（4）形式运算阶段（12岁以后）

这个时期，儿童思维发展到抽象逻辑推理水平。其思维特点如下。

① 思维形式摆脱思维内容。形式运算阶段的儿童能够摆脱现实的影响，关注假设的命题，可以对假命题做出逻辑的和富有创造性的反映。

② 进行假设－演绎推理。假设－演绎推理是先提出各种解决问题的

可能性，再系统地评价和判断正确答案的推理方式。

2. 拓展资料（二）：所罗门学习风格自测量表 . PDF

3. 拓展资料（三）：布鲁姆的教育目标分类

教育目标分类学是布鲁姆教学理论体系中重要的组成部分。在 1948 年波士顿召开的美国心理学大会上，一些大学考试专家提出了教育目标分类学的概念。此后，以布鲁姆为首的编写委员会，经过反复讨论，将研究成果陆续发表，创建了目标分类学理论。

（1）认知领域的目标分类结构

布鲁姆把认知领域的目标分为 6 个层次，具体见表 3–1。

表 3–1　认知领域目标的 6 个层次

层　次	目　标
知识	这是指对先前学习过的材料的记忆。它包括具体的知识，即术语的知识和具体事实的知识；处理具体事物的方式、方法的知识；学习领域中的普通原理和抽象概念的知识。这是最低水平的认知学习结果，其所要求的心理过程主要是记忆
领会	指理解所传授的知识和信息的能力，一般可借助转化、解释和推断 3 种形式来完成。其中，转化是指用自己觉得有意义的话语来组织表达所传授的内容和知识；解释是指对所交流的信息进行解释和说明；推断是指通过目前的知识去推测未来的状况。领会超越了单纯的记忆，代表最低水平的理解
运用	指将习得的材料应用于新的具体情境，包括概念、规则、方法、规律和理论的应用。运用代表较高水平的理解
分析	把复杂的材料分解成各个组成部分，以便弄清各种观念的有关层次，或者弄清所表达的各种观念之间的关系。分析代表了比运用更高的智能水平，因为它既要理解材料的内容，又要理解其结构
综合	把各种要素和组成部分组成一个整体，包括发表一篇内容独特的演说或文章，拟定一项操作计划或概括出一套抽象关系。强调的是创造能力，需要产生新的模式或结构
评价	指对材料作价值判断的能力，包括按材料内在的标准（如组织）或外在的标准（如与目的适当性）进行价值判断。这是最高水平的认知学习结果，因为它要求超越原先的学习内容，并需要基于明确标准的价值判断

（2）情感领域的目标分类结构

分类依据是价值内化的程度，这一领域的目标由低到高共分为 5 个层次，见表 3–2。

表 3-2　情感领域目标的 5 个层次

层　次	目　标
接受（注意）	指学生愿意注意特殊的现象或刺激（如课堂活动、教科书、文体活动等）。从教师方面来看，其任务是指引和维持学生的注意。学习结果包括从意识到事物的存在的简单注意到学生的选择性注意。它是低级的价值文化水平
反应	指学生主动参与。处在这一水平的学生，不仅注意某种现象，而且以某种方式对它作出反应（如自愿读规定范围外的材料），以及反应的满足（如以愉快的心情阅读），这类目标与教师通常所说的“兴趣”类似，强调对特殊活动的选择与满足
价值化	指学生将特殊的对象、现象或行为与一定的价值标准相联系，包括接受某种价值标准（如愿意改进与团体交往的技能），偏爱某种价值标准和为某种价值标准作奉献（如为发挥集体的有效作用而承担义务）。这一阶段的学习结果所涉及的行为的一致性和稳定性使得这种价值标准清晰可辨。价值化与教师通常所说的“态度”和“欣赏”类似
组织	指将许多不同的价值标准组合在一起，克服它们之间的矛盾、冲突，并开始建立内在一致的价值体系。重点是将许多价值标准进行比较、关联和系统化。学习的结果可能涉及某一价值系统的组织。与人生哲学有关的教学目标属于这一级水平
性格化	指个人具有长时期控制自己的行为以致发展了性格化“生活方式”的价值体系。其行为是普遍的、一致的和可以预期的。这一水平的学习结果包括范围广泛的活动，但强调学生行为的典型性和性格化。这阶段的教学目标着重学生的一般适应模式（包括个人的、社会的和情绪的）

（3）动作技能领域的目标分类结构

动作技能领域的教育目标分类比情感领域的教育目标分类公布更晚，而且出现了多种分类法，但目前尚无公认的最好分类。这里介绍辛普森等在 1972 年的分类。该分类将动作技能教育目标分成七级，见表 3-3。

表 3-3　动作技能领域目标的七级

级　别	目　标
知觉	指运用感官获得信息以指导动作
定势（准备）	指对稳定的活动的准备，包括心理定向（心理准备）、生理定向（生理准备）、情绪准备（愿意活动）。知觉是其先决条件
指导下的反应	指复杂动作技能学习的早期阶段，包括模仿和尝试错误。通过教师或一套适当的标准可判断操作的适当性

续表

级　别	目　标
机械动作	指学习者的反应已成为习惯，能以某种熟练和自信水平完成动作。这一阶段的学习结果涉及各种形式的操作技能，但动作模式并不复杂
复杂的外显反应	指包含复杂动作模式的熟练动作操作，操作的熟练性以迅速、连贯、精确和轻松为指标
适应	指技能的高度发展水平，学生能修正自己的动作模式以适应特殊的装置或满足具体情境的需要
创新	指创造新的动作模式以适合具体情境。强调以高度发展的技能为基础的创造能力

4. 拓展资料（四）：三维学习目标

第一维目标：知识与技能目标

主要包括人类生存所不可或缺的核心知识和学科基本知识；基本能力包括获取、收集、处理、运用信息的能力，创新精神和实践能力，终身学习的愿望和能力。

第二维目标：过程与方法目标

主要包括人类生存所不可或缺的过程与方法。其中，过程，指应答性学习环境和交往、体验；方法，包括基本的学习方式（自主学习、合作学习、探究学习）和具体的学习方式（发现式学习、小组式学习、交往式学习等）。

第三维目标：情感态度与价值观目标

情感不仅指学习兴趣、学习责任，更重要的是乐观的生活态度、求实的科学态度、宽容的人生态度。价值观不仅强调个人的价值，更强调个人价值和社会价值的统一；不仅强调科学的价值，更强调科学的价值和人文价值的统一；不仅强调人类价值，更强调人类价值和自然价值的统一，从而使学生从内心确立起对真善美的价值追求以及人与自然和谐和持续发展的理念。

三维的课程目标应是一个整体，知识与技能、过程与方法、情感态度与价值观三个方面互相联系，融为一体。在教学中，既没有离开情感态度与价值观、过程与方法的知识与技能的学习，也没有离开知识与技能的情感态度与价值观、过程与方法的学习。

5. 拓展资料（五）：行为动词选择表

行为动词选择表见表3-4。

表 3-4　行为动词选择表

分　类	目标层次	可供选择的行为动词
认知类	记忆	知道、识记、识别、记忆、记住、指出、列出、说出、写出、画出、标明、列举、选择、配合、定义、指明、举例说出、排列、体会、感知、指认、认识、了解、看懂、辨别、辨认、背诵、熟悉、简述、复述、回忆、确定、找到
	理解	理解、用自己的话说出、描述、区别、估计、解释、比较、引申、说明、举例、举例说明、叙述、归纳、预测、重新写出、分类、转换、检索、调查、收集、获取、讨论、懂得、对比、表达、表述、表示、刻画、概述、评述、选出、处理、阐明、描绘、查找、判断、预期、鉴别、选择、掌握
	简单应用	求、计算、示范、应用、运用、利用、操纵、操作、准备、产生、加工、制作、列举、解答、证明、改变、表现、发现、修饰、阐述、解释、说明、修改、探讨、探究、探索、确定、测试、提出、得出、制订、进行、担任、组织、推测、想象、推导、导出、撰写、解决、检验、估计、抽象、提取、判定、判断、设计、拟定
	综合应用	分析、区别、区分、指明、猜测、选择、分开、分类、比较、对照、检查、指出、评析、图示、选用、选择、选编、验证、组合、组成、联合、归纳、重建、总结、重写、重组、重新安排、计划、修饰、编写、创造、设计、提出、综合、制订、拟定、研究、决策、概括
	创见	评价、比较、结论、对比、总结、证明、评定、判断、说明……价值、解释、编写
动作技能类（含过程性内容）	模仿	尝试、学习、练习、模仿、分解、解剖、使用、移动、接……
	理解	初步学会、初步掌握、在教师的指导下……、学唱、运行、演示、调试
	协调	独立操作、学会、比较熟练、掌握、表达、表现、表演、展示、展览、展演、获取、加工、管理、表达、发布、交流、运用、使用、制作、操作、搭建、安装、开发、实现、完成、达到、改善、增进、发展、提高、增强、进行、测定、测量、绘制
	熟练	熟练掌握、熟练操作、熟练使用、灵活运用、熟练演奏、有效使用、合乎规范地使用、适应、发现、寻求、探求、探究、迁移、联系
	创新	改变、新编、创造、创作、提升、拓展、扩展

续表

分　　类	目标层次	可供选择的行为动词
情感类（含体验性内容）	接受（经历、感受）	阅读、查阅、听讲、看出、注意、选择、接受、同意、赞同、感悟、感受、感知、领悟、经历、体会、体味、体验、亲历、观察、参观、关心、关注、劝说、参加、参与、尝试、收集、调查
	思考	陈述、回答、完成、选择、列举、听从、服从、称赞、帮助、把握、领会、观赏、欣赏、赏析、自审、自评、审视、检查、思考、明确、选择、带动、迁移、交流、讨论、探讨、合作、思考、调查
	兴趣（反应、认同）	接受、承认、完成、决定、支持、愿意、解释、评价、影响、对话、合作、关注、注意、借鉴、欣赏、培养、做出、分担、处理、帮助、服务、促进、表现、反应、认同、体会、遵守、探索、探究
	热爱	愿意、热爱、想、计划、决定、参加、欢呼、欢庆、献身、形成、养成、构建、提升、保持、获得、克服、遵守、抑制、避免、调控、控制、拒绝、选择、辩护、赞赏、重视、珍惜、发展、增强、乐于、敢于、勇于、善于
	品格形（领悟、内化）	相信、坚持、判断、拒绝、贯彻、执行、抵制、反对、赞成、认为、成为、修正、献身、评价、评判、评估、做到、形成、养成、具有、对待、履行、坚持、尊重、确立、树立、建立、领悟、内化

6. 拓展资料（六）：相关论文、著作

（1）杨南昌，刘晓艳．终身学习设计：教学设计研究新取向［J］．电化教育研究，2014（07）：24－29.

（2）何克抗，林君芬，张文兰．教学系统设计［M］．北京：高等教育出版社，2005.

（3）南国农，李运林，祝智庭．信息化教育概论［M］．2版．北京：高等教育出版社，2011.

（4）加涅R M，韦杰W W，戈勒斯K C，等著，教学设计原理［M］．5版．王小明，庞维国，等译．上海：华东师范大学出版社，2007.

（5）乌美娜．教学设计［M］．北京：高等教育出版社，1998.

3.2 信息化教学设计概述

学习要点

- 掌握信息化教学设计的基本概念、特征、基本原则和发展趋势。
- 掌握信息化教学设计的方法和步骤，掌握教学目标分析、学习者特征分析、教学方法选择、教学媒体选择的一般方法。
- 了解信息化教学设计的评价标准。

情景描述

在实践中发现，很多使用信息技术进行教学的教师，很少甚至没有计划，他们对信息技术能否促进学生学习，如何促进学习，信息技术具有哪些优势，以及在教学中如何恰当地使用信息技术等都没有认真考虑过，这导致信息技术在教学中的应用效果不明显。因此，掌握信息技术应用的理论和方法，即信息化教学设计至关重要。

完成任务

观看一些信息化教学片段①，思考信息技术的应用是否合理。

知识与技能

在掌握信息化教学设计概念、方法、步骤及评价标准的基础上，教师能够进行信息化教学设计和评价。

3.2.1 信息化教学设计概念、特征、基本原则和发展

1. 信息化教学设计的定义

信息化教学就是在信息化环境中，教育者与学习者借助现代教育媒

① 全国职业院校信息化教学大赛 . http://www. nvic. com. cn.

体、教育信息资源和教育技术方法进行的双边活动。①

信息化教学是与传统教学相对而言的现代教学的一种表现形态。这种教学形态，一方面是以信息技术的支持为显著特征，另一方面是以现代教育、教学理念为指导。

教学设计（Instruction Design，ID）也称作教学系统设计（Instructional System Design，ISD）是20世纪60年代以来逐渐形成并发展起来的一门具有较强实践性的学科。教学设计是以促进学习者的学习为根本目的，运用系统方法，将学习理论与教学理论等原理转换成对教学目标、教学内容、教学方法、教学策略、教学评价等环节进行具体计划，创设有效的教学与系统的“过程”或“程序”。

信息化环境下的教学设计又称为信息化教学设计。它是在建构主义学习理论指导下，利用计算机技术、多媒体技术、网络通信技术、课程整合技术等先进技术，以学生为中心，将学习者的主动性、积极性完全激发，以完成知识的意义建构与培养学生的创新能力为主旨的教学设计。

建构主义学习理论强调以学生为中心，教学设计从“以学生为中心”出发，着重培养学生的首创精神和高级思维技能。整个信息化教学设计过程是非线性的，有时甚至是混沌的。其教学设计的重点是在意义丰富的环境中促进学生理解，注重信息化的学习环境的创设和学习资源的提供。

综上所述，所谓信息化教学设计就是：信息技术环境下的教学是在先进的教育理论（尤其是建构主义学与教理论）的指导下，通过将信息技术有效地整合于各学科的教学过程来营造一种新型的教学环境，学生在教师的引导和帮助下，以自主、合作、探究的方式实现学习目标的过程。②

2. 信息化教学设计的特征

传统教学设计与信息化教学设计的特征对照见表3-5。

表3-5　传统教学设计与信息化教学设计之特征对照表

关键要素	信息化教学设计	传统教学设计
教学目的	综合素质的培养	专业人才的培养
教学策略	学生探索	教师导向

① 李红波．职业教育信息化教程［M］．南宁：广西师范大学出版社，2013.

② 何克抗，吴娟．信息技术与课程整合［M］．北京：高等教育出版社，2007.

续表

关键要素	信息化教学设计	传统教学设计
讲授方式	交互性指导	说教性讲授
教学主体	以学习者为主体	以教师为主体
学习内容	以任务形式的多学科延伸	单学科的独立内容
作业方式	协同作业	个体作业
课堂组织形式	信息技术与课程整合	班级授课
教师角色	作为学生学习的帮助者	作为知识的传授者
分组方式	异质分组	同质分组
评估方式	对学习过程和学习结果评估	对学习结果评估
学习工具	以电子文档、网络为主	以教科书、黑板为主
学习环境	开放式	封闭式

从表3–5中可以看出，信息化教学设计的核心是教学过程设计，重视学习环境创设和学习资源的利用；学习内容为交叉学科，强调综合性；采用探究式学习和合作学习的学习模式；教学评价注重教学过程，而非教学结果。

信息化教学设计是指对信息化环境中的教学活动所进行的设计。

与“传统的”教学设计相比，信息化协作（合作）的、基于研究（探究）的、基于问题解决的等教学方式，充分利用信息技术和信息资源，科学地安排教学过程中的各个要素，为学习者提供良好的信息化条件，实现教学效果的最优化。

为此，在进行信息化教学设计时，应注意以下几点。

① 在“教”与“学”两个要素中，更多地关注“学”的方面，注意学习者学习能力的培养。教师应作为学习的促进者和指导者，帮助、引导和评价学生的学习进程。

② 以“任务驱动”和“问题解决”作为学习和研究活动的主线，在相关的情境中教授学习策略和技能。

③ 充分设计和利用各种信息资源（包括信息化学习情境和信息化学习环境）来支持学习者的学习。

④ 强调“协作”。这种协作不仅仅是学生之间、师生之间的协作，还包括教师之间和更大范围内人们的交流与协作。

⑤ 充分运用信息技术来设计科学的学习评价指标体系和评价办法。

3. 信息化教学设计的基本原则

信息化教学设计以建构主义学习理论为指导，充分利用信息技术手段进行基于资源、基于合作、基于研究的问题等方面的学习，使学习者在意义丰富的环境中主动学习、建构知识；更加重视学习者的主体作用，通过各种新颖的学习方式，充分利用信息技术和信息资源，科学地安排教学过程中的各个要素，为学习者提供良好的信息化学习环境。

但“信息技术的支持”仅仅是信息化教学设计的表面特征。它还有两个更为重要的、更为本质的特征：一个是以学生为中心，关注学生能力的培养；另一个是关注学习过程。这两大特征渗透到学习过程的各个要素中，信息化教学设计的基本原则可以归纳为以下几点。

（1）以学生为中心，注重学习者学习能力的培养

以学生为中心是信息化环境下教学设计的首要原则。明确“以学生为中心”，这一点对于教学设计有至关重要的指导意义，因为从“以学生为中心”出发还是从“以教师为中心”出发将得出两种全然不同的设计结果。

在以学生为中心这一原则的指导下，教师在设计具体的教学活动的时候，就要以“任务驱动”和“问题解决”作为学生学习和研究活动的主线。教师作为学习的促进者，引导、监控和评价学生的学习进程。同时，教师还应该开发和利用各种信息资源来支持学生自主学习，如教师应创建学生学习网站、教师演示文稿和参考范例等。

学生作为一个成长中的完整生命体，有着各种情感需求。认知发展与情感发展和谐统一，促进学生的身心全面发展是现代课程的重要目标之一。学生的情感需要是教学设计时重点考虑的内容，学习内容、学习方式必须尊重学生的意愿和需要。此外，以学生为中心的原则还体现在注意为每一个学生的终身发展奠定基础，教学设计要选择对所有学生终身发展有价值的内容。

（2）以“任务驱动”和“问题解决”作为学习和研究活动的主线，在相关的有具体意义的情境中确定和教授学习策略与技能

所谓任务驱动的教学策略，就是指以师生讨论为载体，以贯彻问题设计为引线，以学生自主和分组协作相结合为具体实施方式进行的教学。所以，信息化教学设计的核心是问题设计。一般情况是首先创设问题情境，形成自主学习的任务，通过学习者使用解决真实性问题来学习隐含于问题背后的科学知识和解决问题的技术，形成自主学习的能力。这样，

学习者能够批判性地学习新的思想和事实，并将它们融入原有的认知结构中，能够在众多思想间进行联系，并能够将已有的知识迁移到新的情境中，作出决策并最终解决问题。这就是信息化教学所倡导的深度学习。

（3）强调“协作学习”，凸显团队精神

信息化教学设计认为，学习者与周围环境的交互作用，对于学习内容的理解（即对知识意义的建构）起着关键性的作用。学生在教师的组织和引导下一起讨论和交流，共同建立起学习群体并成为其中的一员。在这样的群体中，一起对当前问题摆出各自的看法、论据及有关材料，并对别人的观点作出分析和评论。学习者通常是以小组或其他协作形式展开学习，在学习过程中互相帮助，共同完成某一项任务目标，实现“解决问题”。每个学习者在中间承担一定的任务，担当一定的角色，学习活动过程成为“学习者身份和意义的双重建构”。学生之间相互协作，共享知识和智慧，共同实现组织目标。

在信息化教学实施过程中，学习者通常是以小组或其他协作形式展开学习，在学习过程中，每个学习者都担当一定的角色，承担一定的任务，学习者之间相互协作，共享他人的知识和背景，共同实现学习目标。

这种协作学习不仅指学生之间、师生之间的协作，也包括教师之间的协作，如实施跨年级和跨学科的基于资源的学习等。通过这样的协作学习环境，学习者群体（教师和学生）的思维与智慧就可以被整个群体所共享，从而完成整个群体学习知识的意义建构，而不是某一位或某几位学生获得知识的意义建构。

（4）强调针对学习过程和学习资源的评价

学生成为课堂主人的前提是必须调动学而不厌的主观能动性，使学生有意识、有兴趣、有责任去参与教学活动。而促进学生发展的课堂教学评价便是调动学生主体性的有效机制，作为课堂教学的有机组成部分，评价要特别注重教师和学生的积极参与，在教师和学生水乳交融的活动中发挥评价、矫正、促进和催发的功能。通过教学评价激起学生的主体参与性，让学生在课堂中体验成功的喜悦。

为了支持学习者的主动探索和完成意义建构，在学习过程中要为学习者提供各种信息资源（包括各种类型的教学媒体和教学资料）。但这些媒体和资料并非用于辅助教师的讲解和演示，而是用于支持学生的自主学习和协作式探索。因此，对传统教学设计中有关“教学媒体的选择与设计”将有全新的处理方式。例如，在传统教学设计中，对媒体的呈现要根据学生的认知心理和年龄特征作精心的设计。如果在自主学习和协作式教学中，把媒体的选择、使用与控制的权利交给了学生，就没有必要设计媒体了。反之，对于信息资源应如何获取，从哪里获取，以及如何有效地加以利用等问题，则成为主动探索过程中迫切需要教师提供帮助的内容。显然，这些问题在传统教学设计中是不会碰到或很少碰到的，而在信息化学习环境下，则成为亟待解决的普遍性问题。

(5) 强调情境创设和意义建构

建构主义认为学习总是与一定的社会文化背景（即情境）相联系。情境就其广义来理解，是指作用于学习主体，产生一定的情感反应的客观环境；从狭义来理解，则是指在课堂教学环境中，作用于学生而引起积极情感反应的教学过程。

杜威（J. Dewey）认为："我们主张必须有一个实际的经验情境作为思维阶段的开始，思维起源于疑问。"创建真实的教学环境，它可以是现实的生产、生活材料，也可以是通过多媒体技术得到的仿真场景，让学习者带着真实的任务去学习。布鲁纳认为："让学习者在一定的问题情境中，经历对学习材料的亲身体验和发展过程，才是学习者所获得的最有价值的东西。"即以"任务驱动"作为学习和研究活动的主线来引导学习者。在这个过程中，学习者拥有学习的主动权，教师不断地引导和激励学习者探索，从而使学习者真正掌握所学内容，并通过此任务举一反三，学习隐含于问题背后的科学知识和解决问题的技能，形成自主学习能力。①

信息化教学设计强调学生的积极参与，而活动的开展需要一定情境的支持，通过信息技术的作用，可以为学生创造多种学习情境。

在信息化教学设计中创设情境，即基于特定的教学目标，将学习内容安排在信息技术和信息资源支持的比较真实或接近真实的活动中，支持学科教学活动。由于信息化教学设计与各种信息技术和信息资源紧密结合，使得教学情境的创设显得更为真实、简便和高效。

学生在实际情境下进行学习，利用自己原有认知结构中的有关经验去"同化"当前学到的新知识，如果原有的知识不能"同化"新知识，则要引起"顺应"，即对原有的认知结构进行改造和重组。因此，创设情境成为信息化教学设计最重要的内容之一。

---

① 王寅龙，等．信息化教学设计的过程、方法及评价要点探究［J］．中国教育信息化，2011（6）：10－17.

总之，信息化环境下的教学设计，教师关注的重心应该是通过将信息技术有效地融合于各学科的教学过程中来营造一种新型的教学环境，以实现一种能充分体现学生主体地位的以“自主、探究、合作”为特征的学习方式。这种环境可以支持真实的情境创设、不受时空限制的资源共享、快速灵活的信息获取、丰富多样的交互方式、打破地区界限的协作交流，以及有利于培养学习者创造性的自主发现和自主探索的学习方式。今天，我们应该关注信息时代的深度学习，并能利用技术为教学服务，同时在信息化环境下改变着自己的教育观念和教学行为方式。

4. 信息化教学设计的产生与发展

教学设计是20世纪60年代末在美国首先形成和发展起来并于80年代传入我国的。美国哲学家、教育家杜威在1990年提出建立一门连接学习理论和教学实践的“桥梁学科”，以达到优化教学的目的。

第二次世界大战期间，由于战争的需要，美国要在短时间内为军队输送大批合格的士兵，为工厂输送大量合格的工人，这需要进行培训材料的研究和开发，因此提出了一整套系统分析教学过程要素的方法。这是教学设计理论应用的最初尝试。而20世纪60年代中期的程序教学运动，是教学设计思想和理论孕育期，涌现出加涅（R. M. Gagne）的“学习条件理论”、巴纳斯的“宏观教学设计论”、梅里尔的“成分显示论”、莱格卢特的“精细加工论”、史密斯和雷根的“教学系统设计论”、罗米索斯基的“智能结构论”等一批富有特色的教学设计理论。60年代后期，各种相关理论在系统方法指导下，被综合应用于教学过程的设计中，提出了对教学进行设计的系统过程理论，从此教学设计便以其独特的理论知识体系成为专门的研究领域。

现在，教学设计的理论著作和各种参考文献已举不胜举，如加涅和布里格斯（L. J. Briggs）的《教学设计的原理》，肯普的《教学设计过程》《设计有效的教学》；罗伯特·D. 坦尼森的《教学设计的国际观——理论·研究·模型》等。我国学者也出版了一系列教学设计著作，如张祖忻等编著的《教学设计——基本原理与方法》（上海外语教育出版社，1992），乌美娜主编的《教学设计》（高等教育出版社，1994），何克抗等编著的《教学系统设计》（高等教育出版社，2006）等。这些研究趋向于从不同角度，运用多种研究方法，尤其是用系统方法来探索教学设计问题。至此，教学设计成为世界各国教育技术领域的专业研究方向，成为各级各类师资培训的重要课程。

进入20世纪90年代以来，科学技术飞速发展，大量基于计算机的信息技术迅速进入教育教学领域，多媒体教育应用、网络教育应用、人工智能教育应用等迅猛发展，信息技术成为教育的主流技术。同时，建构主义学习理论丰富了认知主义学习理论，使教学设计理论与实践的视野大大拓宽，产生了信息技术环境下的教学设计。今天的教学与20年前的教学在教学目标、教学方法和教学过程上发生了很大变化。显然，探索在信息技术条件下充分发挥交互技术潜力的教学设计理论和方法势在必行。

3.2.2 信息化教学设计的方法和步骤

1. 信息化教学设计的前期分析

前期分析（Front – End Analysis）是美国学者哈里斯（J. Harless）于1968年提出的一项技术，旨在教学设计的开端就分析清楚教学中存在的问题，以避免后续工作无的放矢，浪费人力物力。在不同的教学设计过程中，前期分析的内容不尽相同，但一般包括学习需要分析、学习者特征分析。

2. 学习任务分析和教学目标的阐述

学习任务分析和教学目标的阐述是信息化教学设计的核心环节，是前端的预设，也是后期需达到的结果。在信息化教学设计过程中，学习任务并非是抽象、概括性文字描述，而是在整合和分析的基础上对其进行分解，形成系列性的、具体的分任务，并注重各分任务间的逻辑衔接，承上启下，方便指导和推进后续信息化教学中的教师教与学生学。教学目标是完成信息化教学后对学习者的知识与技能，过程与方法以及情感、态度与价值观的具体要求，其与学习任务分析有着直接的因果关系，即通过完成一系列的预设的分任务即可实现教学目标。

3. 信息化教学策略的设计

教学策略是实现特定的教学目标而采取的教学顺序、教学活动程序、教学媒体、教学组织形式等因素的总体考虑。信息化学习过程策略的设计主要考虑的问题包括学习总体进程设计、学习活动框架设计、教学情境设计、教学模式设计、教学策略设计等，不仅强调学生自己利用Internet丰富的资源进行独立学习和研究，更注重学生之间的相互学习。

目前，在现代教育理论和信息技术的支持下，已经开发出许多比较成熟的信息化环境下的教学模式、教学策略和教学方法。

4. 学习资源的设计

学习资源是可以提供给学习者使用，能帮助和促进他们学习的信息、技术和环境。信息化学习资源蕴涵了大量的教育信息，是能创造出一定的教育价值，并能以数字信号的形式在互联网上进行传输的资源。

5. 信息化教学方案的编写

通过以上一系列教学设计工作的实施，在进行教学以前，就会对其各个环节及其影响因素有一个全面、深刻的认识，为更科学、更系统、更详细、更具体地编写教学设计方案奠定了基础。教学设计方案既是实施教学的依据，也是教学设计工作的总结，可以用文字、框图、流程图、表格等形式表述。

信息化教学设计包括教学目标的确定与叙写、教学任务与问题设计、教学资源的运用与设计、教学过程设计、学生作品范例设计、评价量规设计、实施方案设计和评价修改等内容。信息化教学设计程序图如图 3-2 所示。

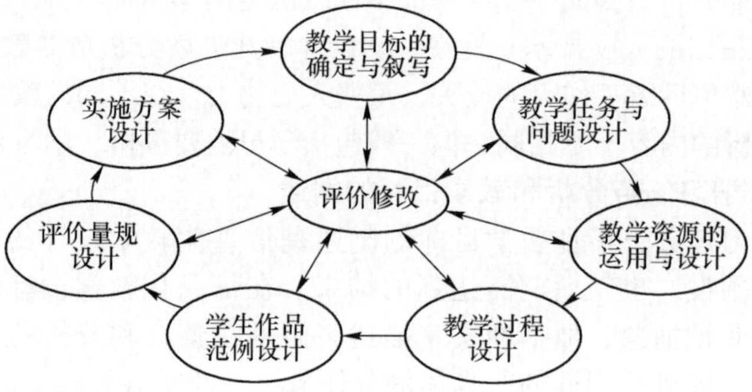

图 3-2　信息化教学设计程序图

（1）教学目标的确定与叙写

教学目标的分析与确立是学科教学设计中的一个最为重要的环节，它决定着教学的总方向。学习内容的选择、教与学的活动设计、教学策略和教学模式的选择与设计、学习环境的设计及学习评价的设计都要以教学目标为依据来展开。通过分析教学目标，确定学生通过此教学应达到的水平或获得的能力。

（2）教学任务与问题设计

教学任务与问题是教学目标的具体化。教学目标一旦确定，将围绕既定的教学目标设计真实的任务和有针对性的问题。

（3）教学资源的运用设计

依据设计的任务、问题及学生的学习水平提供合适的资源。可以要求学生自己按照学习目标查找资源，也可以提供现成的资源给学生。学生可以到提供的教学资源中心调用自己所需的学习材料，遇到问题时可通过网络向教师请求指导或帮助，也可以与其他同学共同探讨问题。由于学生处于主动、积极的学习地位，有利于挖掘和发挥学生的潜能，培养创造型人才。结合使用好的课件资源，可使学生享受到更大范围内的更好的教学资源。

（4）教学过程设计

对整个教学过程进行梳理，使之合理有序，一般应落实成文字形式的信息化教案。

（5）学生作品范例设计

在教学过程中，如果要求学生以完成电子作品的方式进行学习，教师应事先做出电子作品的范例，使学生对自己要完成的任务有一个感性认识。

（6）评价量规设计

在评价信息化学习，特别是其产生的电子作品时，结构化的评价工具——量规提供了较为科学的方法，对其进行认真设计将提高评价的可操作性和准确性。

（7）实施方案设计

对教学的具体实施方案进行设计，包括实施时间表、分组方法、上机时间分配、实施过程中可能用到的软硬件及其他必要文档的准备等。

（8）评价修改

在信息化教学设计过程中，评价修改是随时进行的，伴随整个设计过程的始终。

3.2.3 信息化教学评价

教学评价是以教学目标为依据，制定科学标准，运用一切技术手段，对教学活动过程及其结果进行测定、衡量并给以价值判断。教学评价是教学设计的有机组成，由评价主体、客体、方法和标准等要素构成。首先将评价纳入教学过程的是泰勒（R. W. Tyler）。他强调了评价对教学的反馈功能。其后，随着西方教育改革运动的兴起，评价的改进与调控功能受到人们的关注，教学评价转向关心对学生的学习诊断、学习过程的促进与形成。教学评价功能大体可以概括为反馈调节功能、诊断调节功能、强化激励功能、教学提高功能、目标导向功能 5 个方面。[①]

① 李红波．职业教育信息化教程［M］．南宁：广西师范大学出版社，2013.

教学评价的目的，一方面是要检验教学活动的结果；另一方面（也是更主要的）是应该具有激励功能。以往的教学评价更多的是体现前者。因为教学评价的标准掌握在教师和教育机构手里，学生只能被动地接受这种评判。在信息化的教学环境下，学生有权对自己的作品做出合理的评价，这时教师并不应该作为一个标准的掌握者，而应该成为一个引导者，鼓励学生的创造，尊重学生的不同见解，以促进学生创新精神的养成，培养学生独立的人格。

信息化环境下的教学评价要求把学生在学习过程中的全部情况都纳入评价范围，把学生解决问题寻找答案的调查过程、探究过程、运用前提形成假设的过程、变流与合作的过程、推理和计算的过程、使用技术手段的过程等都纳入评价范围，强调过程本身的价值，把学生在过程中的具体表现作为评价的主要内容。对学生凡是有价值的所作所为，即使有些与预定目标不符合，也要给予支持与肯定，一则表现出对学生的主体性和创造性的足够尊重，二则充分激发学生的学习积极性，培养浓厚的学习兴趣。

1. 教学评价分类

教学评价类型很多，从不同角度可以划分出不同种类。按功能不同，分为诊断性评价、形成性评价和总结性评价。

（1）诊断性评价

诊断性评价也称教学性评价、准备性评价，一般是指在一门课程和一个学习单元开始之前对学生所具备的知识、技能以及情感等状况进行的评价。教师通过这种评价可以了解学生的知识储备，了解他们的技能和能力水平，了解他们对所要学习的学科的态度和抱负水平，了解导致学生学习成功（或失败）的原因等。发现学生存在的问题及其性质、范围，继而制定适合每个学生特点和需要的有效教学策略。学年或课程开始之前的诊断性评价，主要用来确定学生的学习准备程度；教学进程中的诊断性评价，则主要用来确定妨碍学生学习的原因。

（2）形成性评价

形成性评价是在教学进行过程之中，为引导该项教学前进或使教学更为完善而进行的对学生学习结果的确定。注重结果对学生和教师的反馈。形成性评价的主要目的不是给学生评定等级成绩或作证明，而是对学习进程进行调整或修正。

（3）总结性评价

总结性评价又称终结性评价、事后评价，一般是在教学活动告一段落后，为了解教学活动的最终效果而进行的评价。其目的是检验学生的学业是否最终达到了各科教学目标的要求。总结性评价重视的是结果，借以对被评价者做出全面鉴定，区分出等级，并对整个教学活动的效果做出评定。学期末或学年末进行的各科考试、考核都属于这种评价。

3 种评价的对比见表 3-6。

表 3-6　诊断性评价、形成性评价和总结性评价对比

种类	诊断性评价	形成性评价	总结性评价
作用	查明学习准备和不利因素	确定学习效果	评定学业成绩
主要目的	合理安置学生，考虑区别对特，采取补救措施	改进学习过程，调整教学方案	证明学生已达到的水平，预言在后续教学过程中成功的可能性
评价重点	素质	过程	结果
手段	特殊编制的测验学籍档案和观察记录分析	形成性测验、作业、日常观察	考试
测试内容	必要的预备性知识、技能的特定样本，与学生行为有关的生理、心理环境的样本	课题和单元目标样本	课程总教学目标样本
试题难度	较低	依据教学任务而定	中等
分数解释	常模参照、目标参照	目标参照	常模参照
实施时间	课程或学期、学年开始时，教学过程中需要时	每节课或单元教学结束后，经常进行	课程或一段教学过程结束后，一般每学期两次
主要特点	预先判断	前瞻式	总结回顾

2. 信息化教学评价与传统教学评价的比较

传统教学评价关注结果，评价的客观性强，而信息化教学评价关注过程和资源，评价时有助于发挥学生的主动性。之间区别可以概括为以下 5 点。

（1）评价目的不同

传统的教学评价侧重于评价学习结果，以便给学生定级或分类。评价通常包含根据外部标准对某种努力的价值、重要性、优点的判断，并依据这种标准对学生所学到的与没有学到的进行判断。为了评价学习结果，传统的评价往往是正规的、判断性的。而在信息化教学中，评价是

电子学档的建立过程体现了收集、选择和反思的过程；信息收集的过程是学生体验学习的过程；信息选择的过程是学生展示自己能力的过程；反思过程是学生自我了解的过程。

电子学档的内容会因创建目的、面向的对象和用处的不同而不同。因此在创建之前，一定要明确电子学档的创建目的，并根据目的创建不同结构要求的电子学档。这种电子学档在客观上有助于促进个人的成长，而学生也能在自我评价中逐渐变得积极起来。

（2）量规

量规（Rubric）是一种结构化的定量评价标准，往往从与评价目标相关的多个方面详细规定评级指标。它是对学生的作品、成果、成长记录或者表现进行评价或者等级评定的一套标准。同时也是一个有效的教学工具，是连接教学与评价之间的一个重要桥梁。具有操作性好、准确性高的特点。其目的是为了分析学生的学习结果，包括学习作品和学习过程。教学设计评价量规表见表3–7。

表3–7　教学设计评价量规表

评价项目	标准1	标准2	标准3	得分
教案总体结构（15）	优（15～11分）	良（10～7分）	中（6～0分）	15
	包含基本要素，条理清晰，可调控	包含基本要素，条理基本清晰，但调控性不够	缺乏某些要素，条理欠清晰，调控性不够	
学习者特征分析（15）	优（15～11分）	良（10～7分）	中（6～0分）	13
	对学生的一般特征、初始能力、学习风格、学习动机与兴趣进行了全面、准确的分析	较全面地分析了学生的特征、初始能力等	对学生的分析不够全面	
教学目标分析及教学重点、难点分析（15）	优（15～11分）	良（10～7分）	中（6～0分）	15
	依据课程标准，全面、准确地分析了“知识与技能”“过程与方法”“情感态度与价值观”，定义清楚，条理清晰。准确把握了重点、难点，紧扣目标，内容表述准确，能充分体现教育技术在学科教学中的应用	较完整、较合理地分析了教学目标，较好地定义了教学目标，部分教学目标与课程标准有关联，能围绕教学目标，把握重点、难点	简单地分析了教学目标，表述没有错误。教学内容欠全面，未能体现教学的重点、难点	

续表

评价项目	标准 1	标准 2	标准 3	得分
教学方法选择（20）	优（20～14 分）	良（13～7 分）	中（6～0 分）	16
	能够体现新课程标准的要求，并根据教学目标及学生特点，采用灵活多样的学习方式	采用的教学方法适度，符合学生特点	教学方法单一，在调动学生学习积极性方面需努力	
教学媒体选择（20）	优（20～14 分）	良（13～7 分）	中（6～0 分）	20
	能根据教学内容及教学方法利用媒体，媒体整合恰当，有效地解决了重点、难点	选用的教学媒体恰当，对教学方法的支持恰当	对媒体的作业欠考虑，或没有很好地考虑媒体与方法之间的关系	
教学评价设计（15）	优（15～11 分）	良（10～7 分）	中（6～0 分）	13
	针对目标，评价方式灵活	针对目标，以测验为主要评价方式	评价形式单调，对目标体现不准确	
合计得分				92

（3）学习契约

学习契约（learning contract）也称为学习合同，是学习者与帮促者（专家、教师或学友）之间的书面协议或者保证书。这种评价方法来源于真正意义上的契约或合同。例如，当建筑设计师承担一项设计时，委托人通常就这项设计的具体要求及交付日期进行详细的说明，并与设计师签订合约。待设计完成后，评价设计是否合格（设计师是否能拿到酬金）的主要依据将是这个合约。由于学习契约允许学习者控制自己的学习进程，见表 3–8，因此在最大限度上满足了学习者的个别化需要，同时学生自己参与了保证书的签订，了解预期的工作任务，因此有助于学生在较长的时间内根据契约的内容来评价自己的学习，培养了学生的自律性，激发了学生的学习动机与学习热情。当然，学习契约也不能总是给学生很大的自由度，教师完全可以根据需要制定相对客观的学习指标，见表 3–9。

表 3-8　同伴辅导学习契约的案例

被辅导者姓名：____________　辅导者姓名：____________

辅导专题：____________

辅导：

你希望通过辅导学到什么？打算通过什么方式学习？

这个假期你想学习什么技能？怎样培养这些技能？

你在怎样的环境下学习最有效？

辅导者：

你打算何时开始辅导，怎么辅导？

日期/时间/地点：____________

你打算何时评价被辅导者的作业，如何评价？

日期/时间/地点：____________

你打算何时检查被辅导者的学习状况，如何检查？

日期/时间/地点：____________

签名：

被辅导者：____________　时间：____________

辅导者：____________　时间：____________

表 3-9　自学式学习契约

学生姓名：__________　学号：__________　日期：__________

学习主题：______________________________

学习目标：

1. 子学习目标 1。
2. 子学习目标 2。

……

学习活动：

1. 学习活动 1。
2. 学习活动 2。
3. 学习活动 3。

……

学习者签名：

（4）概念图

概念图是个有层次的意义网络，与人类认知结构中表征、组织、积累知识的方式是吻合的。帮助学生将新知识和旧知识建立联系，通过同化和顺化过程实现学生认知结构的发展。

通过学生自己制作或者师生共同绘制概念图，师生要经过制作、修改、反思、再设计的往复循环来不断完善，概念图可以把这个过程清晰地展现出来，这样可以使学生学会反思自己的学习过程，使学生看到概念之间的联系。从而学会自我导向学习。

实践表明概念图是形成性评价的有效工具，教师通过观察学生制作概念图的过程，能了解学生思维活动的情况，以便给出及时诊断。

(5) 在线考试系统

借助于计算机技术、网络技术和信息通信等现代信息技术，实现考试智能化、网络化和自动化的考试称为在线考试系统。其过程包括题库建设与管理、智能组卷、学生考试、阅读评价、考试分析等环节。

在线考试系统简化了传统考试的复杂流程，具有如下优点。

① 打破了时间和空间的局限性，增加了考试的灵活性。

② 学生也可以根据自己的学生需要，灵活的分配学习时间和自测时间。

③ 减轻教师的负担。

④ 为学习者提供即时、丰富的测试结果反馈和分析指导。

(6) 评价量表

评价量表又称“评比量表”，是对提出的问题，以两种对立的态度为两端点，在两端点中间按程度顺序排列不同的态度；由被调查者从中选择一种适合自己的态度表现。在学习者按照评估表 3–10 的要求逐一回答问题的过程中，会了解自己对知识的掌握程度。

表 3–10　课堂教学评价量表

课堂教学评价量表

班级：__________　　姓名：__________　　得分：__________

评价项目	评价标准	等级（权重）分				自评	小组评	教师评
		优秀	良好	一般	较差			
知识与技能	动手操作、观察、填表、讨论，探索圆的面积公式	10	8	5	3			
	了解并掌握圆的面积公式推导过程	10	8	5	3			
	能正确计算圆的面积	10	8	5	3			
	能利用圆的面积公式，解决有关圆的简单的实际问题	8	6	4	2			

续表

评价项目	评价标准	等级（权重）分				自评	小组评	教师评
		优秀	良好	一般	较差			
操作技能	运用剪、拼等方法，探索圆的面积，将未知的问题转化为已知的问题	10	8	5	3			
	积极参与小组合作与交流	10	8	5	3			
	能制作 PPT，将收集到的材料用 PPT 清楚地展现出来，且较有创新	8	6	4	2			
情感态度	课堂上积极参与，积极思维，积极动手、动脑，发言次数多	8	6	4	2			
	小组协作交流情况：小组成员间配合默契，彼此协作愉快，互帮互助	10	8	5	3			
	对本内容兴趣浓厚，提出了有深度的问题	8	6	4	2			
课堂调查：书面写出你在学习本节课时所遇到的困难，向教师提出较合理的教学建议		8	6	4	2			

我这样评价我自己：

伙伴眼里的我：

老师的话：

注：1. 得分为自评、互评、教师评总分之均值。

2. “我这样评价我自己”“伙伴眼里的我”“老师的话”都是针对课堂学习情况的概括性评判和描述。

（7）范例展示

范例展示（Example Presentation），就是在布置学习任务之前，向学生展示符合学习要求的学习成果范例，以便为学生提供清晰的学习预期。例如，在信息化教学中，常常要求学生通过制作某种电子文档来完成学习任务，如多媒体演示文稿或网站等。教师提供的范例不仅可以启发和拓展学生的思路，还可以在技术和主题上对学生的工作起到引导作用。

5. 信息化教学设计评价标准

评价一个信息化教学设计是否成功，可以从以下 5 个方面着手。

（1）是否有利于提高学生的学习效果

① 学习目标是否明确，表述是否清楚。

② 是否所有的学习目标都符合相关的教学大纲要求。

③ 通过学习，是否学到了知识、获得了运用知识的能力。

④ 教学设计中是否考虑学生的个体差异，并明确说明如何调整有效标准以适合不同学习者。

⑤ 能否促进学生创新能力的培养。

⑥ 教学设计是否能激发学生的兴趣，是否符合学生的年龄特征，并有利于学生的学习、高级思维能力的培养，以及学生在信息处理能力方面的培养。

（2）信息化技术与教学的整合是否合理

① 信息化技术的应用和学生的学习之间是否有明显的关联。

② 信息化技术是否是教学计划成功的必不可少的一部分。

③ 把计算机作为研究、发布和交流的工具是否有助于教学计划的实施。

（3）教学计划的实施是否方便

① 教学计划是否可以根据具体教学情况的差异很容易地进行调整，以便应用到不同的对象。

② 教师是否可以轻松地应用教学计划中所涉及的信息技术，并获得相应的软硬件支持。

（4）是否能够有效评价学生的学习

① 教学计划中是否包括一些现代评价工具，能够自动收集各种数据，用于教学效果的评价。

② 学生的学习目标和学习成果评估标准之间是否有明确的关系，并伴随着数据进行佐证。

（5）能否促进教师信息化应用能力的提高

① 教师是否能够自主收集信息资源，并具有分析判断能力。

② 教师是否能够根据需要，在资源中选择相关性较强的资源并分类整理。

③ 教师是否能够将资源加工处理，用演示文稿或网站制作出作品。

④ 教师是否能够在信息化教学的过程，提出新的观点，寻找身边事物的不足，提出有新意和创意的设想，并能进行实践。

信息化教学设计方案评价表具体案例见表 3-11。

jspx/index. html

（3）中国大学 MOOC 资源共享课：http://www. icourses. cn/jpk/searchCoursesbyMulti. action

（4）全国中小学教师继续教育网：http://edu6. teacher. com. cn/tjs007a/tzxx/040105. htm

2. 拓展资料（二）：相关论文、著作

（1）南国农，李运林，祝智庭．信息化教育概论［M］. 第2版．北京：高等教育出版社，2011.

（2）钟晓流，宋述强，焦丽珍．信息化环境中基于翻转课堂理念的教学设计研究［J］. 开放教育研究，2013（01）：58－64.

（3）杜娟，李兆君，郭丽文．促进深度学习的信息化教学设计的策略研究［J］. 电化教育研究，2013（10）：14－20.

（4）王寅龙，等．信息化教学设计的过程、方法及评价要点探究［J］. 中国教育信息化，2011（11）：11－18.

（5）王太平，李新国．概念图理论及其在教学中的应用［J］. 现代教育技术，2004，14（7）：45－48.

（6）王泽钰，杨晓宏．简论数字化学习中的学习评价［J］. 中国电化教育，2003（195）：31－33.

（7）何克抗，吴娟．信息技术与课程整合［M］. 北京：高等教育出版社，2007.

3.3 授导型教学法的信息化教学设计

学习要点

● 掌握授导型教学设计的基本步骤，掌握教学目标分析、学习者特征分析、教学方法选择、教学媒体选择的一般方法。

● 按照授导型教学设计的基本步骤，针对具体教学内容，设计授导型教学设计方案。

● 能够评价授导型教学设计方案并进行修改。

案例 3.1

授导型教案设计 -《感受春光 了解春天》。

情景描述

课堂的教学内容、教学目标、教学方式、师生双方在教学中的地位等因素决定了课堂的教学结构，但在实践过程中，教师往往忽视这些影响因素，采用简单化的课堂处理方法，只以讲授法为主要教学手段。讲授法主要借助教师口头言语来呈现知识，阐明、分析其联系，操作简单、应用广泛。随着教育改革的推进，单一讲授教学方法的不足日益明显，尤其是以培养技能型人才为主的职业教育中，单一讲授教学方法的弊端更为突出。在此，将探讨“授导型教学”教学方法。

完成任务

通过研习案例 3.1，理解授导型教学的特点与设计要点，关注媒体在其中的作用；尝试自己确定教学选题，完成学习者特征分析、教学目标分析、教学方法选择、教学媒体选择，并设计填写教案模板；分享授导型教学设计的成果，在自评、互评的基础上修改、完善教学设计。

知识与技能

在领悟授导型教学设计概念、设计步骤及评价标准的基础上，教师能够进行授导型教学设计和评价。

3.3.1 授导型教学设计概念

授导型教学是指在课堂教学中以讲解、演示、操练及练习、自主学习、小组讨论、合作学习、问题化学习等方法综合运用的课堂教学形式。

3.3.2 授导型教学设计步骤

授导型教学的一般步骤包括研习案例、学习者特征分析、认识教学目标重点和难点、教学方法的选择以及教学媒体的选择。

1. 研习案例

研习案例：授导型教案设计——《感受春光 了解春天》，回答下面两个问题。

问题1：案例中包含了教学设计的哪些环节？

问题2：各个教学环节的逻辑关系是什么？

在进行教学设计时，需要综合地考虑教学目标、课程内容、学习者特点（学习风格、学习者年龄阶段等）、教学方法、教学媒体以及教学环境之间的相互关系。教学方法的选择，需要综合地考虑教学目标的要求、学习者特征、教学环境的现状以及其他约束条件；在选择了教学方法的基础上，还需要进一步在综合考虑目标、内容、学生与教学环境以及其他约束条件，对教学媒体做出选择。

2. 学习者特征分析

学习者特征分析的目的是为了了解学习者的学习准备情况及其学习风格，为学习内容的选择和组织、学习目标的阐明、教学活动的设计、教学方法与媒体的选用等教学外因条件整合学习者的内因条件提供依据，从而使教学真正促进学习者智力和能力的发展。

学习者特征分析的内容如图3-3所示，包括学习准备和学习风格两大块。

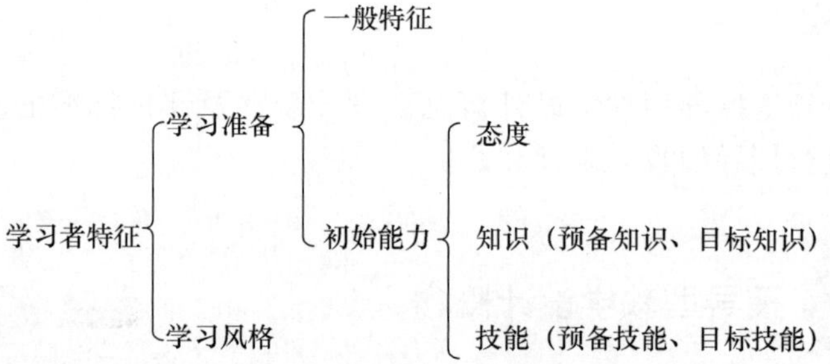

图3-3　学习者特征分析图

学习准备：指学习者在从事新的学习时，原有的知识水平或原有的心理发展水平对新的学习的适应性。

学习风格：学习者持续一贯的带有个性特征的学习方式和学习倾向。

在进行学习者特征分析时，学习者的认知发展特征、起点水平、学习风格、学习动机、学习兴趣等是设计时首要考虑的因素。

认知发展的特征指学习者获得知识和解决问题的能力随时间发生变化的过程和现象，其中皮亚杰的认知发展阶段理论最有影响。而职业院校的学生在年龄上接近成年或已经成年，表现出成人学习者的一般特征，需要在教学中注意多采用以问题解决为中心的教学方式。

学习者的起点水平主要包括以下 3 方面内容。

① 对预备技能的分析，了解学习者是否具有进行新的学习所必须掌握的知识与技能。

② 对目标技能的分析，了解学习者是否已经掌握了教学目标中的部分内容。

③ 对学习态度的分析，可采用态度量表、观察和会谈等方式进行。

学习风格指学习者持续一贯的带有个性特征的学习方式的倾向性，包括学习者在接受、加工信息方面的不同方式，对学习环境和条件的不同需求，以及在认知方式方面的差异等。

此外，对学习者信息素养的分析也是开展信息化教学设计所必须考虑的。信息素养是一个人运用信息技术的知识和技能，解决生产、生活中实际问题的能力和对技术的意识、态度以及对应该承担的社会责任的理解。

3. 认识教学目标、重点和难点的基本含义

教学目标：指学生通过学习后，能够达到的最终结果（包括外显的行为和内部心理的变化）。教学目标是一个多层次的目标体系，根据它的层次和表述方式的不同，可以分为“教学总目标”、“课程目标”、“单元目标”和“学习目标”。

教学重点：指教学内容中最基本的、最主要的知识技能，在整个教学内容中占据核心地位，通常，重点多集中在基本概念、基本理论和基本方法上。

教学难点：教学内容中学生较难理解和掌握的部分，是学生学习中感到阻力较大或难度较高的地方。重点和难点有时是一致的，但有时也不一定，而且并不是每节课的内容都有难点。

在理解上述知识的基础上，在教学中，教师能够明晰教学目标分类并编写教学目标。

（1）教学目标的分类

美国著名教育心理学家布卢姆的“教育目标分类”理论将教学目标分为认知、情感和动作技能三大领域，其中认知领域又包括知道、理解、应用、分析、综合和评价 6 个层次。加涅在《学习的条件与教学论》一书中将人类学习的结果分为言语信息、智力技能、认知策略、动作技能和态度5种类型。

我国新课程的三维学习目标包括了知识与技能、过程与方法以及情感态度与价值观3个方面。三维的课程目标应是一个整体，知识与技能、过程与方法、情感态度与价值观三方面互相联系，融为一体。在教学中，既没有离开情感态度与价值观、也没有离开知识与技能、过程与方法的学习。

（2）教学目标的编写

教学目标包括行为主体（Audience）、行为动词（Behavior）、行为条件（Condition）和表现程度（Degree）四要素（简称ABCD模式），它有一套规范的陈述方式。首先，以学习者为行为主体描述学生的行为。其次，行为动词要选用那些描述学生所形成的可观察、可测量的具体行为词语，如写出、辨别、比较、指明、背诵、对比等，而不是领会、理解这样的描述内部心理变化的词语。再有，应叙写影响学生学习结果的限制条件与范围，包括允许使用的辅助手段、时间的限制、完成行为的情景等。最后，说明学生对目标所达到的最低表现水准。

但当前在教学目标的设置上存在着几个不容忽视的问题，如目标意识淡薄、主体（学生）意识缺失、目标的分类不清晰等。目标意识淡薄主要表现在目标设置笼统、模糊、大而空，这样的目标等于没有目标。主体意识缺失主要表现在教学目标的表述方面，“教育学生……”、“使学生……”、“培养学生……”，学生的主体地位不明确。目标分类不清，主要表现为目标的阐述没兼顾知识、情感、态度三个层面，过于注重知识目标的阐述而忽略态度、情感目标，尤其是情感目标的确定。

4. 教学方法

教学方法是与一定的教学目标和任务相关的具体操作程序，它规定了教学参与者在教学任务中的角色、不同角色之间的相互关系以及每一角色的具体任务。表3-12是授导型教学与一般常用课堂教学的优势。

表3-12 授导型教学与一般常用课堂教学的优势

教学方法	优势
讲解	教学效率高、知识标准化、知识结构化
演示	便于理解知识应用情境和了解技能应用过程

续表

教学方法	优　势
个别指导	能照顾到学习者的个别需要
操练与练习	适合掌握概念与技能
自主学习	灵活
小组讨论	激发思维、培养学习者自主意识
合作学习、问题化学习	学习者自主支配；培养团队精神

每一种教学方法都有着自己的优势，也存在着局限性。而教学内容千差万别，决定了教学的复杂性，没有哪一种教学方法可以适应所有的教学内容。因此，只有各种教学方法的相互配合、互相支持，才能在教学中发挥出积极有效的作用。

思考：教学方法选择的依据是什么？

提示：教学目标；学科的不同特点；教学内容的分类；学生的实际情况；教师的素养；各种教学方法的不同特点；教学时间和效率的要求；教学环境等。

5. 归纳教学媒体选择的一般方法

教学媒体选择的依据如下。

（1）依据教学目标

教学目标是指导和控制教学活动过程运行的基础。在媒体的选择过程中，必须考虑教学目标的需要选择不同的媒体传送不同的信息。

（2）依据教学内容

各个学科的内容千差万别，需要依据内容的不同，选择合适的媒体。

（3）依据教学对象

不同年龄阶段的学习者对媒体有不同的接受能力，可以有针对性地采用幻灯、电影和录像等能生动形象地表达信息的媒体形式。

（4）依据教学条件

教学中能否选用某种媒体，还要看当时当地的具体环境，并考虑有哪些约束条件。

3.3.3 授导型教学信息化教学设计的注意事项

授导型教学设计时，需要综合考虑教学目标、课程内容、学习者特

2. 案例 2—表格型模板

表 3–15　教案模板 1

教学设计表

学科__________授课年级__________学校__________教师姓名__________

章节名称		计划学时	
学习内容分析			
学习者分析			
教学目标	课程标准：		
	知识与技能：		
	过程与方法：		
	情感、态度与价值观：		
教学重点 及解决措施			
教学难点 及解决措施			
教学设计思路			
依据的理论			

信息技术应用分析

知识点	学习水平	媒体内容与形式	使用方式	使用效果

续表

教学过程（可续页）					
教学环节	教学内容	所用时间	教师活动	学生活动	设计意图
课堂教学流程图					
教学反思					
专家点评					

3. 案例3—叙述型模板

教案模板2　信息化教案标题

（注：此模板是在英特尔“未来教育”的单元计划模板的基础上改编而成的，注重于信息化教学。）

一、学科领域

介绍本教案所适用范围的学科领域。如果在教案中涉及多门学科，建议不要超过4门。

二、适用年级

介绍本教案所适用的学生年级，建议不要跨度过大。

三、教学/学习内容概述

在此处对学习内容进行简要的概述，如果涉及角色扮演等，还应该在此处设置情境。

四、学习目标/学习成果

先要写上一两句话，概述一下学生通过此次学习将会获得或学到什么。然后清晰明了地描述学习者行为的最终结果可以是如下。

- 学到了一系列知识。
- 解答了一系列问题。
- 培养了高级思维能力和信息处理能力。
- 总结了所创建的事物的特征。
- 阐明了自己的立场并进行了说明。
- 进行了具有创意的工作。
- ……

五、学习过程

介绍学习者完成任务应遵循的步骤。这一部分是教案的关键所在。一定要使这些步骤简明清晰。你还可以在此处为学生提供一些建议，以帮助他们组织所收集的信息或发展高级思维能力。“建议”可以采用由复选框组成的问卷形式，其中的问题旨在分析信息或提醒对要考虑的事物的注意。如果有必要，可以在此考虑对不同层次学生的个别化教学问题。

（1）第一步

（2）第二步

（3）……

六、所需材料及资源

利用这一部分介绍学习者可以用于完成任务的材料或参考网址（建议在每个网址后写上一句话，简要介绍通过该网址可以获得的信息）。

七、评价方法或工具

创建量规、自我评价表或其他评价工具，以便学生可以知道将如何评价他们。

课堂训练

教师介绍信息化教学设计的基本框架，学生以小组合作方式开展教学设计。

实践任务

根据自己所学的专业，设计一个基于授导型教学法的信息化教学设计。

拓展阅读

拓展资料（一）：相关论文、著作

(1) 邓阿琴，徐一斐，刘伟才．职业教育课程设计教学反思［J］．成人教育，2014（10）：100－102.

(2) 王国庆．职业教育课程教学设计的“五化”原则［J］．教育与职业，2011（30）：122－124.

(3) 王欣，杨泽伟．关于职业教育信息化及信息化教学设计的探讨［J］．职教论坛，2014（05）：76－78.

(4) 王钊．现代职业教育教学信息化的设计与实施［J］．职教论坛，2014（30）：72－75.

(5) 李红波．职业教育信息化教程［M］．南宁：广西师范大学出版社，2013.

3.4 信息化教学整合常见误区

学习要点

- 了解目前信息技术与课程整合有哪些常见的问题。
- 能够在信息技术与课程整合实践中有意识地反思自己在教学中的问题并积极加以改进。

情景描述

经过十多年的信息技术与课程整合实践，我国在信息技术与课程整合的理论与实践方面都取得了丰硕的成果，但同时，信息技术与课程整合在实际课堂教学中还存在着诸多问题，很多教师对信息技术与课程整合还存在一些认识上的误区，并进而导致实践中出现一些极端的做法，使整合难以深入，整合目标难以实现。

完成任务

了解信息技术与课程整合过程中出现的一些问题，并进行反思。

对照自己，对信息技术与课程整合过程中存在的问题进行反思，并给出的自己解决方案。

知识与技能

3.4.1 信息技术与课程整合的定义

信息技术与课程整合是我国 21 世纪基础教育教学改革的一个新途径，与学科教学有着密切的联系和继承性，同时又是具有相对独立性特点的新型教学结构类型。信息技术与课程整合，不是把信息技术仅仅作为辅助教或辅助学的工具，而是强调要把信息技术作为促进学生自主学习的认知工具和情感激励工具，利用信息技术所提供的自主探索、多重交互、合作学习、资源共享等学习环境，把学生的主动性、积极性充分调动起来，使学生的创新思维与实践能力在整合过程中得到有效的锻炼，这正是创新人才培养所需要的。由此可见，信息技术与课程整合是改变传统教学结构、实施创新人才培养的一条有效途径，也是目前国际上基础教育改革的趋势与潮流。

对于什么是信息技术与课程整合，国内学者有不同的表述和理解。

何克抗教授认为，所谓信息技术与学科课程的整合就是通过将信息技术有效地整合于各学科的教学过程来营造一种新型教学环境，实现一种既能发挥教师主导作用又能充分体现学生主体地位的以“自主、探究、合作”为特征的教与学方式，从而把学生的主动性、积极性、创造性较充分地发挥出来，使传统的以教师为中主的课堂教学结构发生根本变革，从而使学生的创新精神与实践能力的培养真正落到实处。

余胜泉博士认为，所谓信息技术与课程整合就是将信息技术作为学生自主学习的认知工具、丰富的教学环境的创设工具以及情感激励工具并全面整合到各个学科的教学中，培养学生的创新精神和实践能力的教学方式。

尽管上述定义表述上有所不同，但其内涵基本相同，都特别强调，不是把信息技术仅仅作为辅助工具，而是要利用信息技术来营造一种新型的教学环境探究、协作学习等多方面要求的教与学的方式，变革传统的教与学的观念和课程观念，并最终变革传统的以教师为中心的课堂教学结构，培养学生的创新精神、实践能力和良好的信息素养。①

信息技术与课程整合尽管在我国已开展多年，但迄今为止，在广大职业院校教师中仍对信息技术与课程整合存在种种片面甚至是错误的认识。

归纳起来，这些错误或片面的认识涉及以下 3 个方面。

- 对信息技术与课程整合的目标（意义）不清楚，即不清楚为什么要整合。
- 对信息技术与课程整合的内涵（实质）不了解，即不了解什么是整合。
- 对信息技术与课程整合的方法（途径）不掌握，即不知道如何进行整合。

3.4.2 整合认识和观念上存在的问题

1. 对整合的内涵与目标认识存在偏差

整合就是在课堂教学中运用先进的技术，例如用幻灯片代替黑板，用鼠标代替粉笔，用课件代替教案。很多教育管理者和学校领导认为，只要学校建设了多媒体教室、计算机实验室，给每个教室装上了计算机、幻灯、投影等，该校就自然而然地加入到了教育信息化发展的大军之中，实现了信息技术与课程的整合。

信息化教育专家何克抗在《教学系统设计》一书中指出：所谓信息技术与学科课程的整合，就是通过将信息技术有效地融合于各学科的教学过程来营造一个信息化教学环境，实现一种既能发挥教师主导作用又能充分体现学生主体地位的以“自主、探究、合作”为特征的教与学方式，从而把学生的主动性、积极性、创造性较充分地发挥出来，使传统的以教师为中心的课堂教学结构发生根本性变革，从而学生的创新精神与实践能力的培养真正落到实处。

① 张文兰．信息技术与课程整合［M］．西安：陕西师范大学出版社，2012.

另一个重要的原因在于评价标准的错位。从横向上来说，由于省、市、区、学校等各级对信息技术与课程整合的评价体制不一致，导致教师设计出不同的教学方案，实施不同的教学方法，疲于应付和适应不同的评价标准和评价方法；从纵向上来说，信息技术与课程整合的目标与当前教育环境中盛行的评价方式、评价机制还存在一定的错位。当前对学生能力的评价依然以量化的方式为主，主要检验学生对知识的掌握程度，而整合的最终目标是培养学生的高阶能力，如信息素养、创新能力、实践能力、自主学习能力和协作学习能力等这些能力难以在短期的学科测验成绩中展现出来，有些能力，如学生的自学能力，也可能在多年后才会显现。但在上级、家长急于立竿见影、急功近利的压力下，许多教师不得不放弃信息技术的运用，回到传统的，但对成绩提升能在短期内见效的教学方式上。

3. 缺乏社会环境支持

尽管很多教师主观上能够意识到信息技术具有的潜在优势，也愿意在实践中进行尝试和探索，但他们更需要有一个支持的环境和氛围，需要来自学校、社会、家长的支持和配合，需要有一个支持信息技术应用的校园文化，而这种文化的塑造和形成需要学校领导的远见卓识，需要学校在给教师整合所需的教学环境、教学资源提供物质支持的同时，给予政策上的帮助和精神上的理解与支持，需要传统的评价方式的改变以及家长和学生的理解。

课堂训练

互联网上有丰富的多媒体网络教学资源，是不是可以直接下载用于自己的教学中，为什么？

实践任务

1. 上网查找有关信息技术与课程整合反思方面的文章，进一步了解目前国内外在信息技术与课程整合研究与实践中还存在哪些问题，提出解决问题的策略，最终形成一篇研究报告或文章。

2. 小组活动：就某一主题进行网络资源搜索，同学之间对各自搜索到的资源进行比较、分析，反思网络资源的有效性，从而提出更加有效地利用网络资源的方法或途径。

3. 访谈与交流：访谈一线教师，了解他们在信息技术与课程整合中存在的困惑或问题，并把它们记下来，与同学交流，提出解决问题的对策。

拓展阅读

1. 拓展资料（一）：相关网站

（1）全国职业院校信息化教学大赛官网 http://www. nvic. com. cn

（2）中国教育技术网 http://www. etr. com. cn

（3）中央电化教育馆 http://www. ncet. edu. cn

（4）国家开放大学 http://www. ouchn. edu. cn

（5）中国大学 MOOC http://www. icourse163. org

（6）MOOC. COM http://www. mooc. com

（7）国家教育资源公共服务平台 http://www. eduyun. cn

2. 拓展资料（二）：相关论文、著作

（1）张文兰．信息技术与课程整合［M］．西安：陕西师范大学出版社，2012.

（2）何克抗，吴娟．信息技术与课程整合［M］．西安：高等教育出版社，2007.

（3）朱箫如．课程整合：跳出“模块化”的怪圈［J］．中小学信息技术教育，2007（6）.

（4）钟志贤，张琦．社会－文化观：一种思考学校信息技术与课程整合问题的视点［J］．中国电化教育，2005（2）.

（5）吴娟，余胜泉．信息技术与课程有效整合的常见问题及其对策［J］．电化教育研究，2006（10）.

（6）何克抗．信息技术与课程深层次整合的理论与方法［J］．电化教育研究，2005（1）：7－15.

第 4 章

信息化教学典型模式与案例分析

学习要点

- 了解职业教育信息化教学模式的特点。
- 掌握信息化教学的典型模式，能阐述典型模式的设计思想。
- 熟悉信息化教学普遍教学流程，能够合理设计、运用信息化教学典型模式。
- 熟悉“未来教室”教学流程，能够做出自己的见解评价。
- 能够在信息化教学中有意识地反思自己在教学中的问题并加以改进。

4.1 信息化教学的典型教学模式

学习要点

- 了解职业教育信息化教学模式的定义。
- 了解信息化教学典型模式的设计思想。
- 掌握信息化教学的典型模式。

案例 4. 1

新加坡的教师：从黑板到便携式计算机。

情景描述

随着计算机、多媒体、网络、人工智能和大数据技术的快速发展，信息技术对社会各个领域均产生了重大影响，特别是改变了人们的教育与学习方式。信息化教学是现代信息技术与教育教学实践结合的产物，改变了传统教学观念、教学方法及教学模式等。职业教育在信息化时代也毫无疑问地被刻上信息化的时代印记，信息化教学同样对职业教育领域产生了重要影响。

完成任务

观看视频“新加坡的教师：从黑板到便携式计算机”，讲述了新加坡教学的过去与现在。思考现在的教学与传统的教学相比，发生了什么变化，有哪些比较典型的信息化教学模式。

知识与技能

信息化教学模式是信息时代背景下教学模式新的发展形式，是指技术支持下的教学活动结构和教学方式，拥有着丰富的、技术营造的教学环境，是直接建立在学习环境设计理论与实践框架基础上，包含相关教学策略与方法的教学模式。

职业教育信息化教学模式是在职业教育学习理论与实践框架指导下，在信息技术的支持下，为促进人的职业素质发展而构建的教学活动结构和教学方式。它是职业教育理论与具体的职业教育教学活动之间的中间环节，是理论转向实践的桥梁，支撑这个桥梁的重要支柱就是信息技术。职业教育信息化教学模式的浅层特征是信息技术在职业教育教学实践中的应用，深层特征则涉及职业教育的人才培养观、终身教育与学习观、技术应用与创新观等方面的系列变化。职业教育信息化教学模式具有开放性、实用性、主动性、协作性、创新性和高效性的特点。其有如下几种比较典型的模式。

4.1.1 基于资源的主题教学模式

所谓学习资源，是指支持教学活动实现一定教学目标的各种客观存在形态。狭义的学习资源通常是指信息资源（如课本、电子阅览室、Internet、CD－ROM、虚拟实验室、教学参考书）。宏观上的资源还包括物质资源（如媒体、器材、工具）、人力资源（如教师、教辅人员、技术人员）。基于资源的主题教学是指学习者围绕一个主题，然后充分挖掘和利用主题相关资源，并遵循科学研究的一般规范和步骤而进行的一系列探究活动，其目的是为了让学习者提高问题解决、探究和创新等能力，促使学习者的学科素养和信息素养同时得到提升。其基本特征包括资源利用的广泛性，无论何种媒体，何种形式，只要对学习者有帮助就是有用的资源；具有主体性和主题的情境性，资源并不能直接用来解决主题所生成的真实的问题，学习者必须先将资源进行加工处理内化为自己的知识，再利用知识来解决问题。资源通过主题而聚集，经过学习者情景化后，才能服务于主题；跨科学性；任务驱动性；探究性；反思递进性。提倡行动研究，注重利用新型的评价观，简言之，基于资源的主题教学是以主题开发为前提，以活动探究为核心，以信息技术为支持，并从多维角度评价整个教学过程。

参照模板可以更便利地设计基于资源的主题教学计划，但在实际的教学过程中还应该根据实际情况进行拓展或变通，使其符合具体情境的需要。表4-1是钟志贤老师的基于资源的主题教学设计模板。

表4-1　基于资源的主题教学设计模板

要　素	设　计
主题标题	写出主题学习的名称
主题介绍	对主题进行简单的解说，并作总体性的概要说明。介绍中可以用有趣的事件和精辟的语言吸引学生，也可用案例形式创设情境
学习对象	完成主题学习的年级，一些主题是可以跨年级的
学科	主题单元所涉及多学科的种类，尽可能全部写出： 学科 1 学科 2 ………… 学科 n
总体目标	具体详细地列出完成主题学习能达到什么样的知识目标、技能目标和情感目标。 知识目标： 技能目标： 情感目标：

续表

要　素	设　计
任务和问题	一个主题可以分解成多个具有操作性的任务或问题。这一部分要告诉学生需要完成的任务或要解决的问题，让他们明白自己到底要干什么。问题最好是没有清晰答案的，甚至是有争议的，这样可以让学生着迷、惊奇和疑惑，引起解决问题的兴趣。 任务 1/问题 1 任务 2/问题 2 ………… 任务 n/问题 n
资源	与主题相关的工具资源、印刷资源、网站资源、人力资源等。(可任选几种资源列出) 材料资源 印刷资源 计算机和 CD－ROM 资源 网站资源 视音频资源 社区资源 …………
活动过程描述	详细介绍完成任务和解决问题过程中开展的一系列活动，同时加入一些必要学习建议。 活动中还需要介绍学生的分组情况以及任务分配情况。此过程也可以用流程图表示。 活动一： 活动二： …………
主题学习评价	介绍整个主题活动中的评价内容和评价方式，可使用多种评价方法：观察法、作品集评价、量规测试等
主题成果展示	设计主题学习的各种成果的展示方法，例如： 多媒体展示 主题网站展示 …………

基于资源的主题教学评价提倡综合性评价和过程性评价，倡导评价内容的丰富性和评价方式的多样性。相关教学评价量规参见本节拓展阅读（二）。

4.1.2 基于网络协作学习的教学模式

基于网络的协作学习（ Web－based Cooperative Learning）简称网

络协作学习，是建立在现代信息通信技术的基础上，利用计算机网络以及多媒体等相关技术支持，为学习者提供相互讨论、交流和信息共享的协作学习环境，学习者以小组形式参与，针对同一内容彼此交互和合作，以达到对教学内容深刻理解和掌握的过程。网络协作学习的技术实现方式有网络聊天室、视频会议、网络视频广播、博客和新闻组等。

网络协作学习过程中，学生学习小组成员的协同工作是实现学习目标的重要组成部分，个人学习的成功与否与他人学习密切相关，学习者之间能具有良好的合作态度、融洽的人际关系以及共享的信息和资源，每个学习者都需要承担相应的学习责任，共同完成学习任务。其主要特点如下：

① 强调学生个性的“自我实现”。

② 将学习过程看做是多个学习者互动的过程。

③ 师生之间是平等的合作关系。

④ 重视问题情境的创设。

⑤ 强调整体学习的效果。

网络协作学习的基本方式主要有竞争、角色扮演、辩论、讨论、协同、伙伴、设计、小组评价和问题解决。

网络协作学习的教学设计步骤如图 4–1 所示。

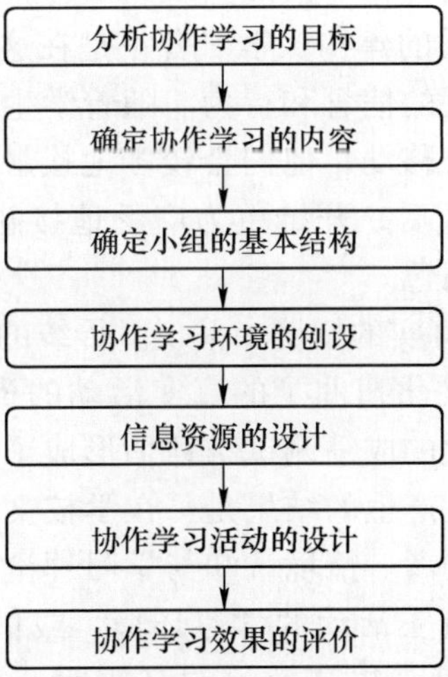

图 4–1　网络协作学习的教学设计步骤

4.1.3 情境化教学模式

情境教学是指在教学过程中，依据教育学和心理学的基本原理，综合考虑学生年龄以及所处年龄阶段的认知特点的不同，通过建立师生之间、认知主客体之间的情感氛围，创设适宜的学习环境，使师生之间保持积极的情感，并在优化的环境中开展教学活动，情感活动参与到认知活动中，以期激活学习者的情境思维，从而在情境思维中获得知识、培养能力以及发展智力的一种教学活动，它是利用具体场景或提供学习资源以激起学习者主动学习的兴趣、增强学习者学习的内在驱动力以及提高学习效率的一种教学方法。

情境认知与学习理论的主要观点如下。

① 认知过程的本质由情境决定，情境是一切认知活动的基础。知识只有在真实的情境中呈现，才能有效地激发学习者的认知需要；在一定情境中传授知识与技能，能更有效地迁移到多种教学情境中去。

② 学习是一种文化适应，是实践共同体中合法的边缘性参与。学习要求学习者参与真正的文化实践，将参与视作学习的关键成分和重要特征，并要求学习者通过理解和经验的不断地相互作用，在不同情境中进行知识的有意义协商。在不同的实践共同体中，通过“合法的边缘性参与”获得意义和身份的建构。学习者正是在这样一种实践共同体之中获得该共同体具体体现的信念和行为。随着学生作为一个初始者逐渐从该共同体的边缘向中心移动，他们会较多地接触共同体中的文化，行动也会变得比较积极，随后，开始更为广泛地接触并进入成熟的实践舞台，扮演专家或熟手的角色。

③ 知识必须在真实的情境中呈现。传统的教学中，学校提供学生的常常是被传统学校文化扭曲了的真实活动的劣质替代品。讲授式教学、被动的学习和形式化的成绩测试与评估形成了至今在学校中占有优势的传统教学模式。由此产生的结果是：在学校文化中的成功者未必能够成为真实活动中的成功者。情境认知与学习理论的研究是试图设置基于工作的、模仿从业者真实活动的学习环境，或借助信息技术设计的逼真、仿真环境和虚拟实境来提高学习的有效性，并保证知识向真实情境的迁移。

4.1.4 基于翻转课堂的混合式教学模式

“翻转课堂”（Flipping Classroom，或译作“颠倒课堂”）近年来成为全球教育界关注的热点，2011 年还被加拿大《环球邮报》评为“影响课堂教学的重大技术变革”。“翻转课堂”的兴起与“可汗学院”密切相关，“可汗学院”是在 2004 年由孟加拉裔美国人萨尔曼·可汗（Salman Khan）创立。开始时，他是为了对亲戚家的小孩学习数学进行远程辅导，录制数学方面的教学视频，并把它放到 YouTube 网站上，除了供其亲戚家的孩子远程学习，也供其他有需要的人士免费观看和学习。接下来，他又对这些教学视频内容作了补充——增加互动练习软件，以便学习者进行数学训练。到 2007 年，可汗把教学视频和互动练习软件加以整合，在此基础上创立了一个非营利的教学网站——用教学视频讲解各学科（不仅是数学）的教学内容和网上读者提出的各种问题，并提供在线练习、自我评估、学习进度自动跟踪等学习工具；到 2009 年，可汗干脆辞掉自己的原有工作，全身心投入到这一教学网站的运行与维护，并把专门开展在线教育的这个非营利教学网站正式命名为“可汗学院”；有了“可汗学院”免费提供的优质教学视频，克服了实施“翻转课堂”的重要障碍，这就大大降低了广大教师进入“翻转课堂”的门槛，从而推动了“翻转课堂”的普及；使“翻转课堂”不仅走出科罗拉多州，进入北美乃至全球教育工作者的视野，并受到热捧（后来可汗学院还开发出“学习控制系统”——能及时收集学生的各种学习数据，不仅使学生和教师能随时了解学习状况，还便于教师有效实施翻转课堂）。①

所谓翻转课堂（Flipped Classroom 或 Inverted Classroom）就是首先由教师创建教学视频，学生在家或课外观看视频讲解，然后再回到课堂中进行师生、生生间面对面的分享、交流学习成果与心得，以实现教学目标为目的的一种教学形态。②

翻转课堂和传统课堂教学模式各要素对比见表 4-2。

---

① 何克抗．从“翻转课堂”的本质，看“翻转课堂”在我国的未来发展［J］．理论探讨，2014(7):5-16.

② 刘荣．翻转课堂：学与教的革命［J］．基础教育课程，2012(12):28.

表 4–2　翻转课堂和传统课堂各要素对比表

	翻转课堂	传统课堂
教师	学习指导者、促进者	知识传授者、课堂管理者
学生	主动研究者	被动接受者
教学形式	课前学习＋课堂研究	课堂讲解＋课后作业
课堂内容	问题研究	知识讲解传授
技术应用	自主学习、交流反思、协作讨论工具	内容展示
评价方式	多角度、多方式	传统纸质测试

“基于翻转课堂的混合式教学”模式等，在取得一定成效的同时，也引发了关于教师角色、课程模式、管理模式等一系列争议与思考。慕课、微课、翻转课堂是由互联网催生的“教育新宠”，校园“三课”——课堂、课程、课本将实现“网络变身”，课本变身为网络资源，课程变身为慕课，校园教室变身为翻转课堂，再进一步，就是学校教育变身为“互联网＋教育”。

4.1.5 自主型教学模式

这种教学模式要求建立一整套的信息化教学软件和教学资源库，利用网络和服务器，创建一个信息化教学资源平台。教师把教学内容、学习指导以及网上练习资源放在教学资源平台上，全天开放，学生可根据自己的需要，在互联网上学习课程内容，也可将课程相关资源下载到自己的计算机上学习。此模式包括自学课程内容、网上讨论答疑、教学站点辅导等。

课堂训练

简述信息化教学模式的共同特点。

实践任务

将信息化教学的典型模式在自己专业的教学上进行应用。

拓展阅读

1. 拓展资料（一）：认知学徒制

在情境认知学习观的影响下，布朗（J·S·Brown）等人从传统学徒制中得到灵感，提出了认知学徒制理论。认知学徒制是在20世纪80年代末至90年代初，教学模式刚刚从以“教”为中心转向以“学”为中心、对学习的研究正逐渐由认知转向情境、学习环境设计思想初现端倪的大背景下诞生的一种教学理论和学习环境设计思想，今天已成了众多学习环境设计的思想源头和新兴的学习科学的理论基础。

认知学徒制教学活动流程：首先，教师要呈现复杂问题并创设与之相关联的情境，反映知识在真实生活中的应用方式来激发学生的动机。随后，教师不仅要演示问题解决过程，还要清晰地说出思维监控过程和策略选择的方法，使学生能够观察、加工教师提供的信息。然后，教师鼓励学生以学习共同体的形式参与到问题解决中去，教师提供指导。学生要把解决问题的策略和方法阐释给教师和其他同伴，教师和同伴旁听学生的思维，通过反思进行评价后再反馈给学生，学生反思并修正后再反馈给其他成员。最后，教师要创设更加多样化的问题情境，并逐步拆除脚手架让学生独立探究，促进知识的运用和迁移。通过教师和学生的轮流作业、互相观摩和共同反思的方法，使学生自我修正、自我监控的能力不断增强，获得更多的知识和技能，师生共同成长。

2. 拓展资料（二）：相关教学评价量规

（1）信息素养的评价

信息素养主要是学生沉浸于信息资源中所获得的，其核心是信息能力，即获取、评价和利用信息的能力，见表4-3。

表4-3 信息素养的评价项目

项 目	评价内容
信息意识	① 详细陈述任务、项目或信息需求。 ② 陈述信息需求的目的。 ③ 开始搜索策略。 ④ 将所需的信息与已知的信息相联系。 ⑤ 确定适当的资源，利用一般的参考资源（包括人、多媒体、万维网、印刷媒体），用自己的语言重新陈述自己的观点
根据所需信息形成问题	① 提出各种疑问（如查找信息，分析，形成看法）。 ② 根据主题陈述形成一个主要的问题。 ③ 写出关键词、概念和短语

续表

项　目	评价内容
确定潜在的信息资源	① 确定和使用各种与研究主题相关的资源（包括多媒体、万维网、印刷媒体等）。 ② 逐渐形成数据库结构。 ③ 理解数据库和印刷资源的局限性（日期、错误、固有的学科限制、时间表、资源更新）。 ④ 区分主要资源和次要资源。 ⑤ 确定可搜索到的可用数据库
开发和使用最恰当的搜索策略	① 获得所需信息资源的印刷和技术材料。 ② 利用电子资源查找、获取和转化信息。 ③ 知道何时以及怎样获取图书管理员的帮助，特别是在获取图书资源的时候。 ④ 系统地组织信息。 ⑤ 理解各种数据库搜索方法的优缺点（关键词、纯文本、固定词汇、综合性的纯文本/固定词汇、布尔运算）。 ⑥ 在必要的时候知道如何扩大和缩小搜索范围。 ⑦ 知道信息是一种方法或多种方法综合组织起来的（如日期、作者、地理位置、作品类型）。 ⑧ 解释参考资源中的信息，包括电子资源。 ⑨ 在必要的时候修订或展开主题陈述。 ⑩ 利用主标题或交叉参考资料找到其他资源。 ⑪ 确定资源的可靠性。 ⑫ 在使用电子资源时注意遵守已确立的网络礼仪和当地的网络规则。 ⑬ 确定资源的有效性，知道如何获取在当地无法找到的资源。 ⑭ 知道如何印刷、复印、下载等
评价信息	① 区分事实与观点。 ② 确定信息的流通渠道和真实性冬季、观点、偏见、学识、面向的对象、客观性、一致性。 ③ 删除无关信息。 ④ 区分通俗与学术资源
利用信息	① 清晰地交流信息。 ② 精确地解释信息。 ③ 确定有效的陈述方法（确定目的、对象、过程）。 ④ 准备一份精确的参考资料。 ⑤ 整合各种资源中的信息

（2）自主/协作能力的评价

自主能力与协作能力主要从自主探究活动和协作探究活动中培养。这两种能力并不是孤立地进行培养，而是相互融合在探究活动中，见表4–4。

表 4-4　自主能力与协作能力的评价参照

自主能力评价	协作能力评价
① 能否独立完成所承担的任务。 ② 能否独立查找、分析信息。 ③ 能否灵活处理学习中出现的问题，对问题提出多种答案/解决方案。 ④ 能否获取与主题有关的资料，并对现实生活中的问题进行分析，提出有效的解决办法。 ⑤ 能否设计有创意的问题解决方案。 ⑥ 能否形成独特的解决问题风格	① 能始终与小组目标保持一致，积极参与小组工作。 ② 对所有小组成员的感受和学习需要很敏感。 ③ 能够接受和履行小组中的个人角色。 ④ 积极提出自己的见解，贡献自己的技能和知识。 ⑤ 能够评价所有小组成员的知识、观点和技能，能鼓励小组成员作出贡献。 ⑥ 能帮助小组做出必要的变化，并鼓励小组为变化做出行动

（3）学习策略的评价

学习策略指学习者在学习活动中有效地学习规则、方法、技巧及调控方式。根据学习策论涵盖的成分，可以将学习策略概括为认知策略、元认知策略和资源管理策略，见表 4-5。

表 4-5　学习策略的构成

策略类型	定　义	构　成	实　例
认知策略	指学生懂得如何获取、选择、组织信息，复习习得的内容，将新内容与记忆中的信息发生联系，以及保持和检索不同类型的知识	复述策略	重复、抄写、做记录、划线、默念等
		精细加工策略	想象、口述、总结、类比、做笔记、答疑等
		组织策略	组块、选择要点、列提纲、画地图等。
元认知策略	关于如何“学会学习”的高级认知策略，具备元认知策略的人能够很好地控制自己的思维过程和学习活动	计划策略	设目标、浏览、设疑、回忆经验等
		监视策略	自我检查、集中注意、监视领会等。
		调节策略	调整速度、重新阅读、使用应试策略、复查等
资源管理策略	关于如何利用环境资源的方法与技能。具备资源管理的策略，可以充分地将外部环境调整到最佳状态，为学习创设好的外部条件	时间管理	定时间表、设置目标、作息调整等
		环境管理	寻找固定、安静的有组织的学习场所等
		努力管理	归因于努力、调整心情、内省、自我强化、坚持不懈等
		他人支持	寻求教师、伙伴、小组帮助，参加伙伴/小组学习，获得个别指导等

（4）批判性思维的评价

批判性思维是创新思维的基础。具备积极的批判性思维倾向的人有7种关键特征，见表4-6。

表4-6　具备积极的批判性思维倾向的人的7种关键特征

特　征	阐　释
智能冒险	开放性思维、探究不同的视点，对狭窄的思维极其敏感，能够产生多种选择
智能好奇	持续的疑惑、探查、发现问题、热衷质询，对非常规敏感，能够仔细观察阐明问题
寻找理解	寻求清晰的理解，找出联系与解释，对混沌敏感，致力于建构概念
智能策略	确定目标、制订并实施计划、想象结果，对缺乏方向敏感，能够阐述目标与计划
智能严谨	力求精确、组织化和彻底，对可能的错误和不精确敏感，能够准确地加工信息
评价理性	对既定事物质疑、要求合理，对需要的证据敏感，能够权衡和评价理性
反省认知	意识到并监控自己的思维流向，对复杂的思维情境敏感，能够对思维过程进行控制与反思

（5）反思能力的评价

反思能力贯穿于学习活动的始终，主要内容见表4-7。

表4-7　反思能力的评价阶段与内容

反思的阶段	反思的内容
学习活动开展前	学习目标是否明确； 学习活动拟定的时间、内容、方式等是否合理； 完成学习任务所需的工具是否妥当等
学习活动进行中	学习注意力是否集中； 学习策略是否合理； 初步的学习效果是否满意；是否需要调整等
学习活动完成后	学习效果如何； 调整是否有效； 有哪些经验教训等

3. 拓展资料（三）：相关网站

Webquest 教学设计案例 http://www.jxteacher.com/qxglk/column44827/b5e078a4-76d9-4be3-89fe-60ad48d938fd.html

4.2 信息化教学应用案例

学习要点

- 掌握信息化教学的教学流程。
- 能够将信息化教学运用于专业课程。

情景描述

为贯彻落实《教育规划纲要》、《教育信息化十年发展规划（2011—2020 年）》和《教育部关于加快推进职业教育信息化发展的意见》，教育部以举办全国职业院校信息化教学大赛的形式，推动职业教育教学改革创新，促进教学方式和学习方式的变革，促进信息技术与课程教学的深度融合，提高教师教育技术应用能力和信息化教学水平。

完成任务

通过观看历年信息化大赛的获奖视频，分析它们具体采用了哪些信息化的教学方法。

知识与技能

4.2.1 案例 4.2：《求职简历的撰写》（Writing a Resume）

【参考】求职简历的撰写.exe。

《求职简历的撰写》选自“十二五”职业教育国家规划教材《新编实用英语综合教程 2》（第四版）的内容，教学采用外语教学中普遍认可的“Task－based Language Teaching（任务型教学法）”，从任务的呈现、分析、实施、拓展四个环节完成“英文简历撰写”的教学任务。

在教学中，构建了多元立体的信息化教与学的环境：课程网络平台实现了文本、视频、语音、动画等多种教学资源的整合，并能实现自动记录、评分；视频的引入旨在提高学生的兴趣与关注；Flash游戏是为了帮助学生巩固词汇、短语；变速听力软件、多个示例文本能够满足学生的不同需求；句酷批改网帮助学生实现对篇章的自主建构。

教学过程如下：

本次课的教学实施由课前、课中及课后组成。课堂教学2课时，由创设情境到练习词句、撰写初稿，最后完善提升，逐步地推进。

1. 课前准备

① 学生在课程平台上，自主学习教师发布的5篇简历范文，对求职简历建立初步的认识。

② 学生借助有道词典收集与国贸专业、求职简历相关的词汇，教师汇总后，有针对性地将其添加进Flash游戏的单词数据库，为课堂练习做好准备。

2. 课堂实施

（1）创设情境

学生观看一段视频：应届毕业生遇到心仪岗位，可是因为不会写英文求职简历而感到苦恼，由此引发学生思考，创设学习情境，并给出本次课的教学任务：撰写一份英文求职简历。

（2）练习词句

① 词汇巩固。

学生阅读平台范文并通过“弹幕”功能分享简历中出现的高频单词，然后与教师给出的简历常用词汇表进行对照。

通过趣味性的Flash游戏帮助学生轻松掌握简历格式栏目、国贸专业课程、获得荣誉奖项等词汇，从而解决了学生写作词汇量和针对性不足的问题。

② 句型拓展。

教师统一发送面试对话的音频，学生可以根据个人的能力，利用“变速听力软件”调整音频语速，提炼对话内容，将课程平台上的一份英文简历补充完整。通过平台的反馈，教师针对学生出现的问题，梳理英文简历的常用句型。例如，求职目标的表述可以用：Looking for a position as …, A position in charge of …, An (entry - level) position responsible for … 等。

③ 格式提炼。

教师归纳英文简历的基本格式。一份完整的英文简历主要应当包括 Personal Information、Career Objective、Professional Skills、Education 等。

(3) 撰写初稿

① 在完成了词汇、句型、格式的积累之后，学生根据自己的职业梦想，设定心仪的公司和岗位，尝试撰写求职简历。完成初稿后上传句酷批改网，直接获取得分，查阅修改意见。

② 各小组推荐一位学生上台展示课堂作业，虽然这些求职简历基本符合要求，但同学们在观看过程中，发现大家的简历相似度较高。

(4) 完善提升

① 适配职位要求。

为了帮助学生写出具有个性的求职简历，教师设计了一个"岗位与品质"的连线练习，可以从职位看个性特质要求，也可以由性格品行推断适合的职位。学生通过练习，也进一步丰富了词汇、短语。

② 个性简历展示。

教师展现部分个性鲜明的求职简历，拓宽学生写作思路。例如，简历中的 Personal Information 还可以用 About Me、Contact Me 来代替。同时，漂亮的版面设计，使简历更具吸引力。

③ 微课视频小结。

教师通过微课视频总结本次课的重难点；归纳英文求职简历撰写的注意事项，如常用短语、分词结构、时间一般逆序、单项标题大写等。提示学生课后完善修改的方向。

3. 课后拓展

① 教师在句酷批改网上给出针对专业表达更为具体的修改意见，弥补句酷批改网评分标准相对宽泛的不足，学生对个人简历初稿进行完善，最终提交完成任务。

② 教师在批阅学生简历的过程中发现部分简历与求职岗位间存在脱节，为帮助学生直观了解自身简历还存在的问题，教师邀请了外贸企业人力资源部门的负责人加入班级群，学生通过视频连线听取企业专家对求职简历的点评意见。

附：《求职简历的撰写》课件，如图 4-2 所示。

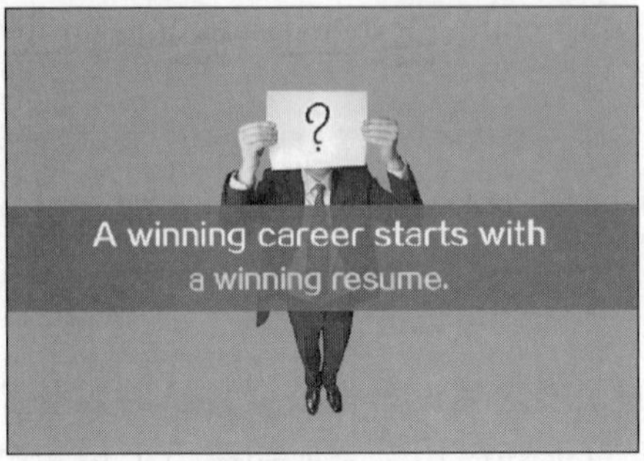
?
A winning career starts with
a winning resume.

(1)

信息化教学设计—— 求职简历的撰写
Writing a Resume
——公共基础课程《实用英语》
JOB

(2)

Contents - 目录
Team's Idea
教学设计
Teaching & Learning
教学实施
Our Rethinks
教学小结

(3)

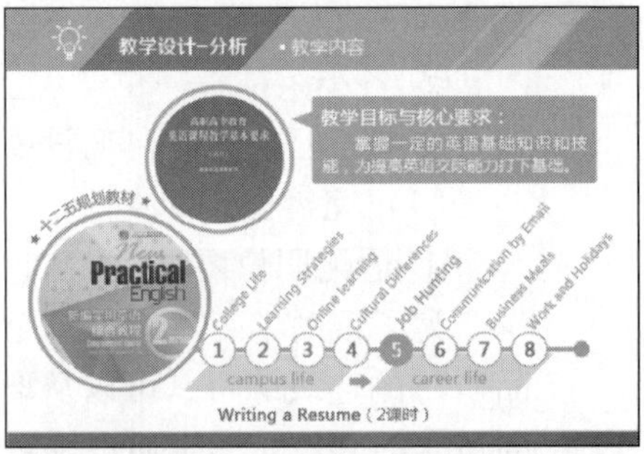
教学设计-分析
•教学内容
教学目标与核心要求：
掌握一定的英语基础知识和技能，为提高英语交际能力打下基础。
十二五规划教材
Practical
English
College Life
Learning Strategies
Online learning
Cultural Differences
Job Hunting
Communication by Email
Business Meals
Work and Holidays
1 2 3 4 5 6 7 8
campus life
career life
Writing a Resume（2课时）

(4)

教学设计-分析
•学生学情
前续课程
实用英语1
实用英语 2
后续课程
外贸英语听说
外贸函电写作

(5)

教学设计-分析
•学生学情
ACB
国际贸易实务专业（一下）
英语基础较好，词汇量已有1800左右
专业与英语关系密切，学习动机较强
对于新鲜的学习方式比较感兴趣
渴望了解应聘技巧，但相关词汇缺乏
具有职业梦想，但尚未接触专业课程

(6)

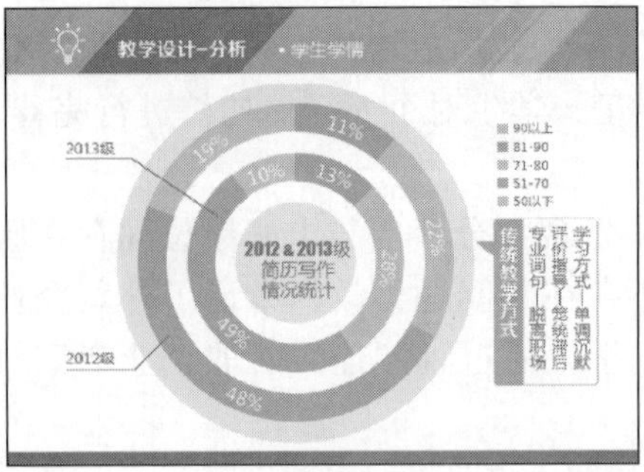
教学设计-分析
•学生学情
2013级
2012级
11%
19%
10%
13%
27%
28%
49%
48%
2012 & 2013级
简历写作
情况统计
90以上
81-90
71-80
51-70
50以下
传统教学方式
学习方式—单调沉默
评价措施—笼统滞后
专业词句—脱离职场

(7)

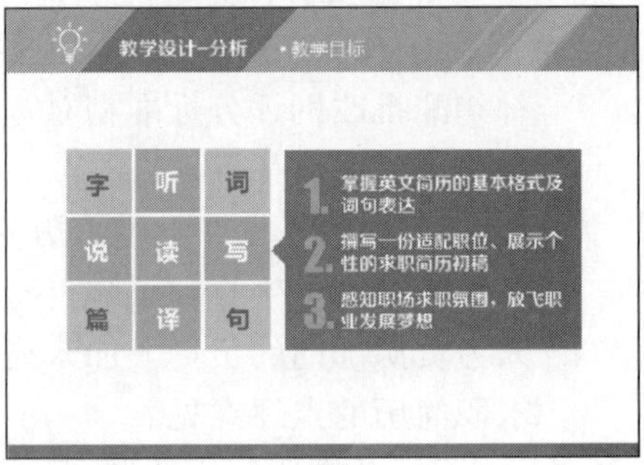
教学设计-分析
•教学目标
字 听 词
说 读 写
篇 译 句
1. 掌握英文简历的基本格式及词句表达
2. 撰写一份适配职位、展示个性的求职简历初稿
3. 感知职场求职氛围，放飞职业发展梦想

(8)

(9)

(10)

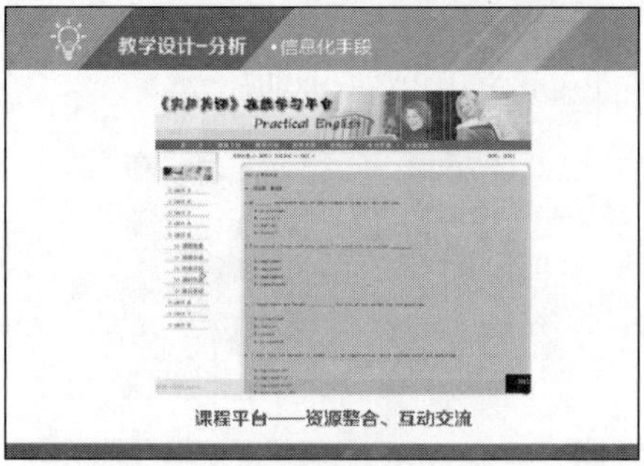

(11)

(12)

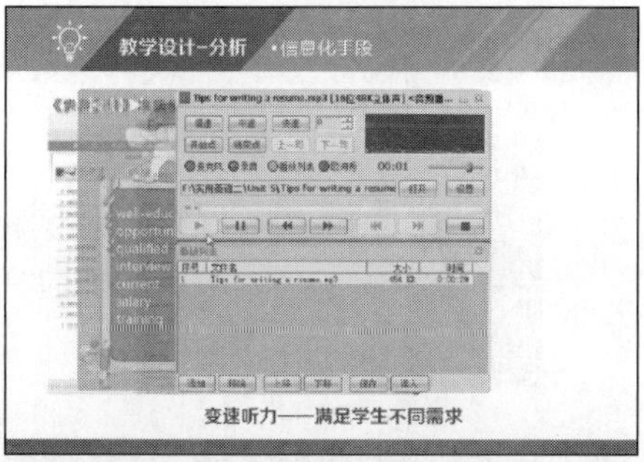

(13)

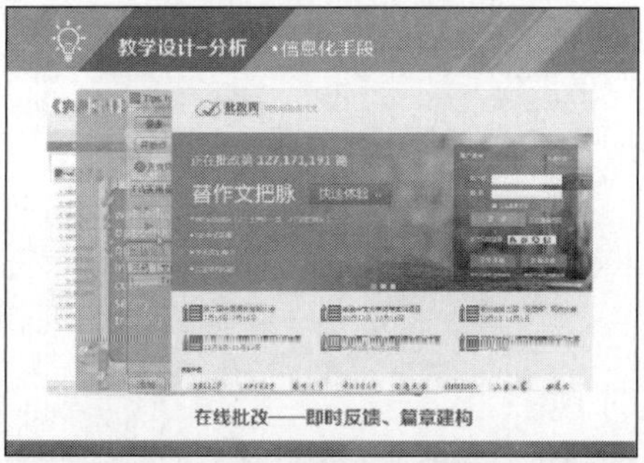

(14)

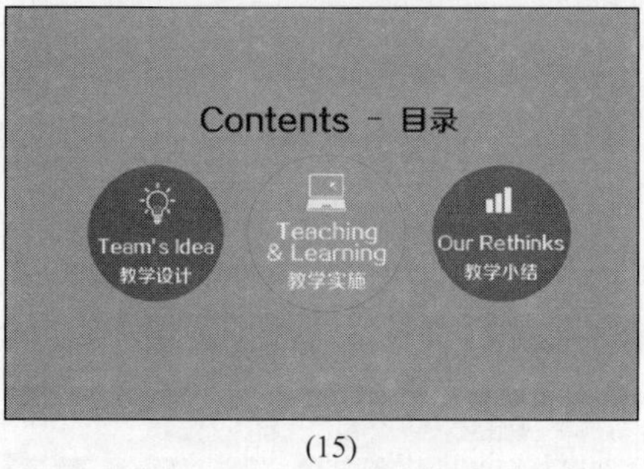

(15)

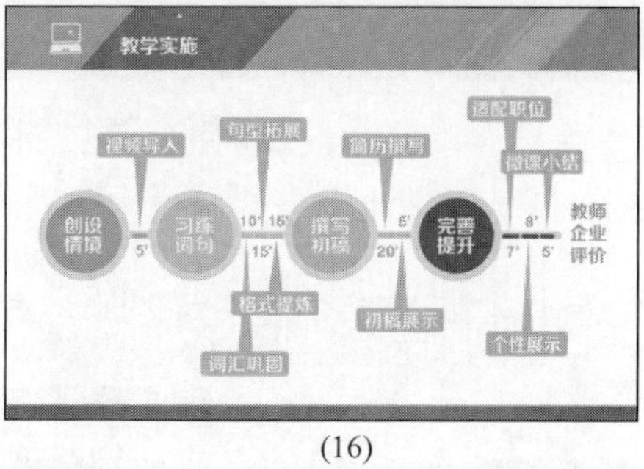

(16)

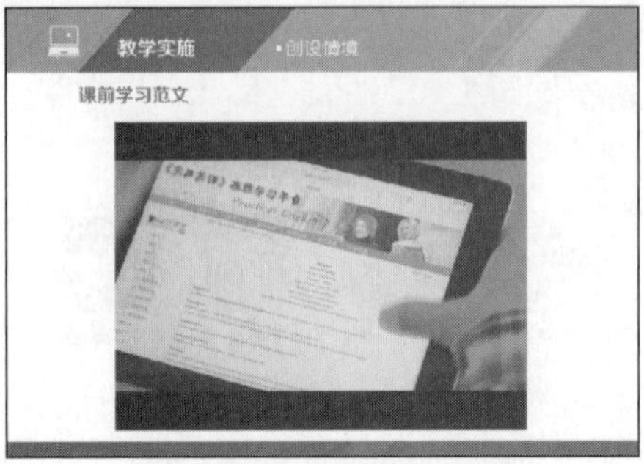

(17)

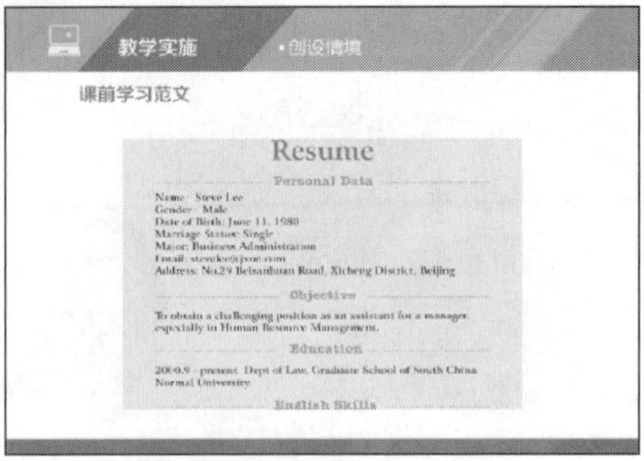

(18)

(19)

(20)

(21)

(22)

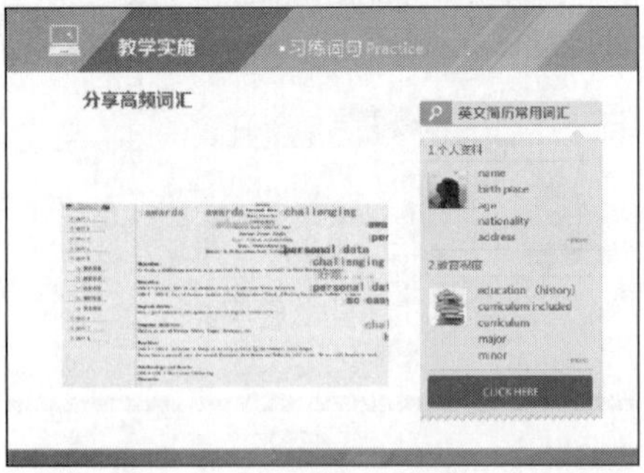

(23)

(24)

(25)

(26)

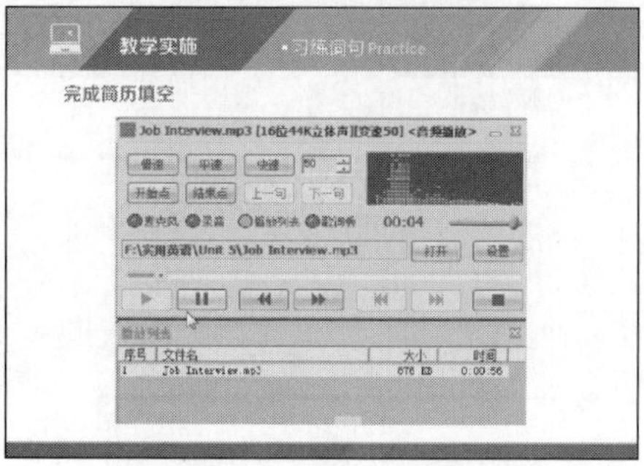

(27)

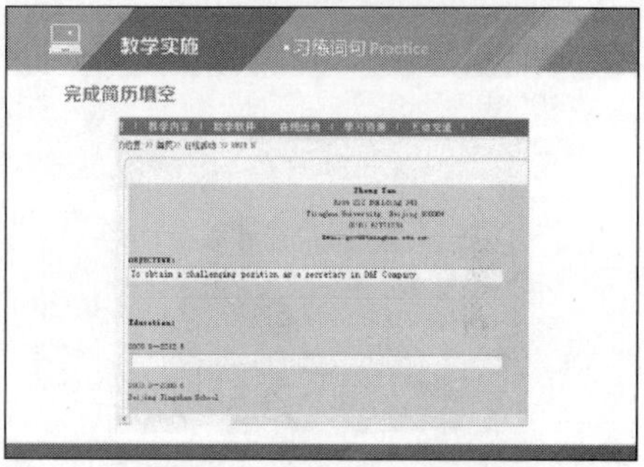

(28)

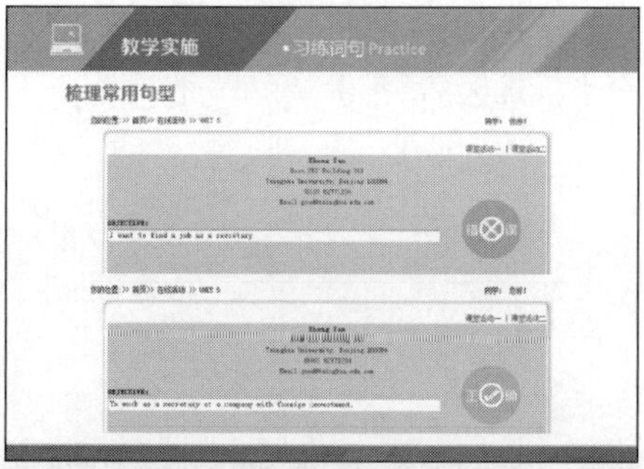

(29)

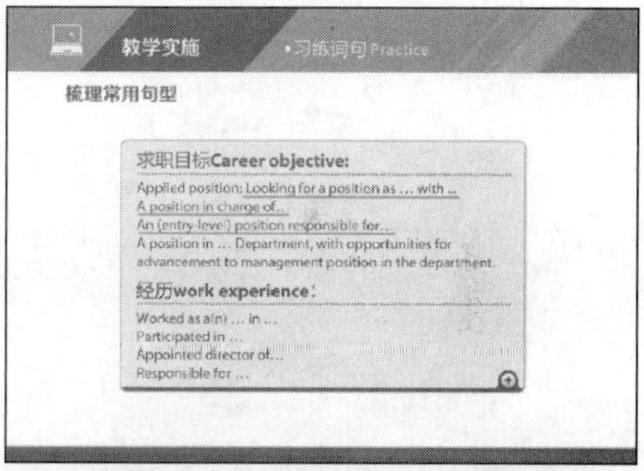

(30)

(31)

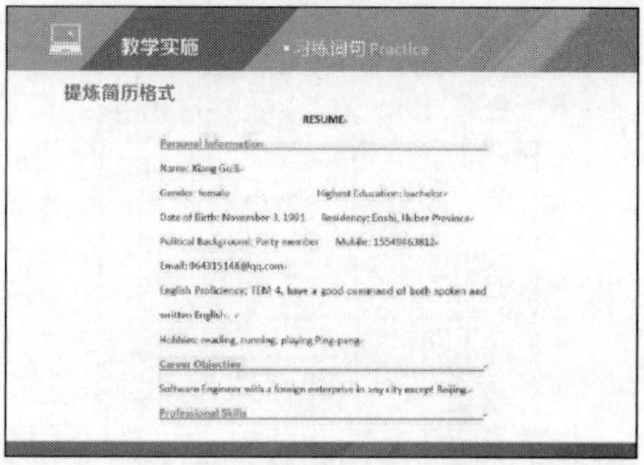

(32)

(33)

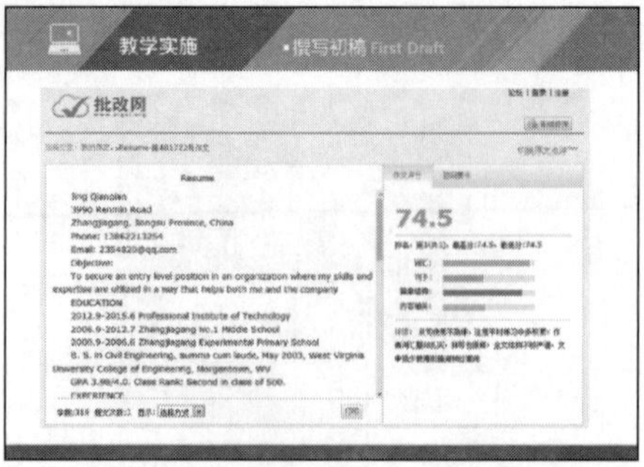

(34)

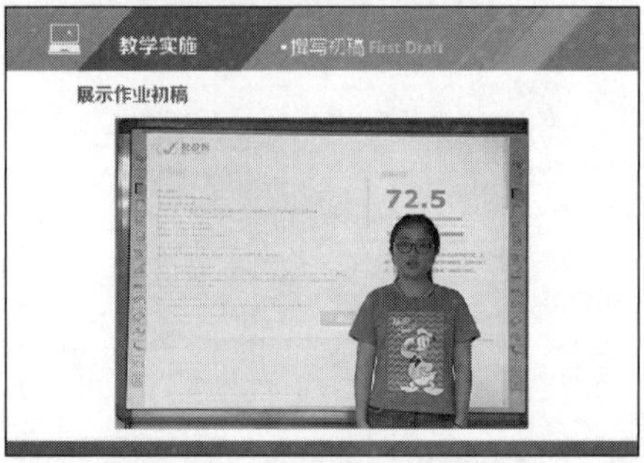

(35)

(36)

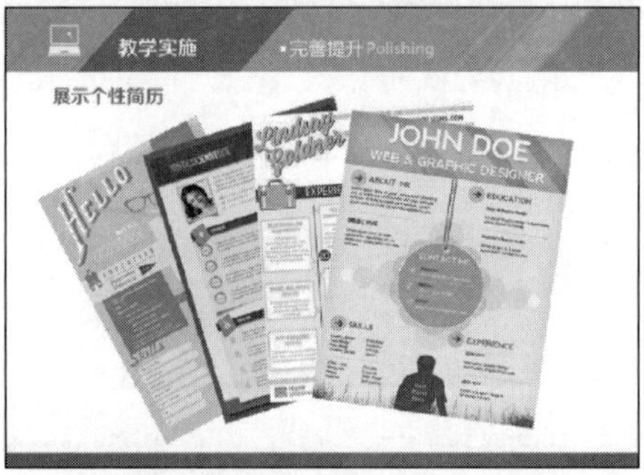

(37)

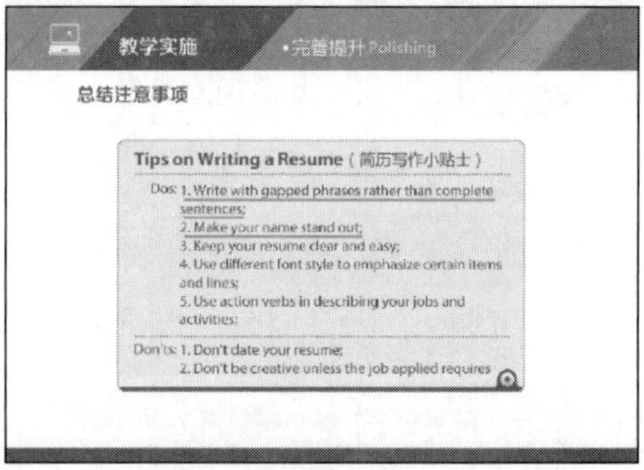

(38)

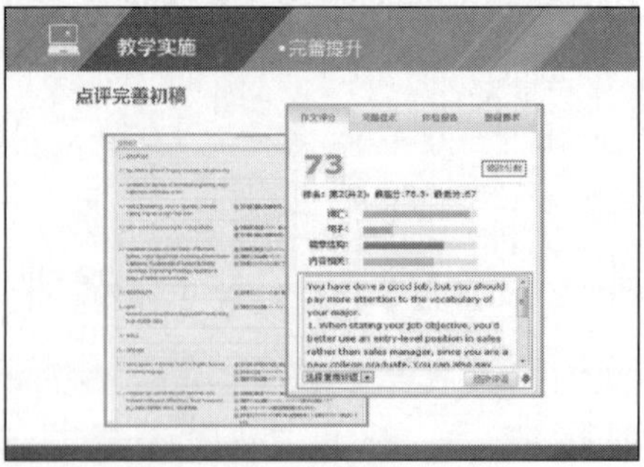

(39)

(40)

(41)

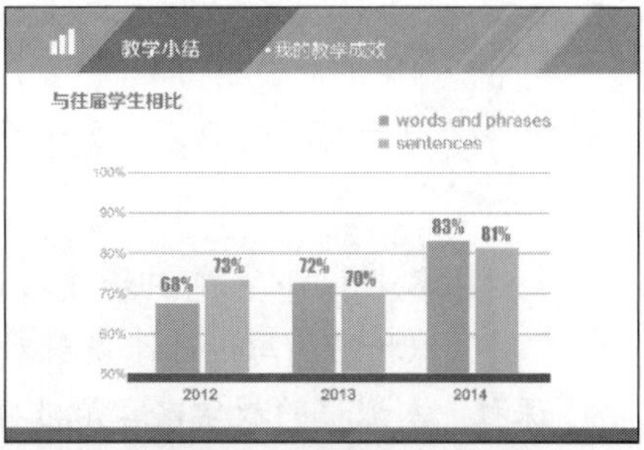

(42)

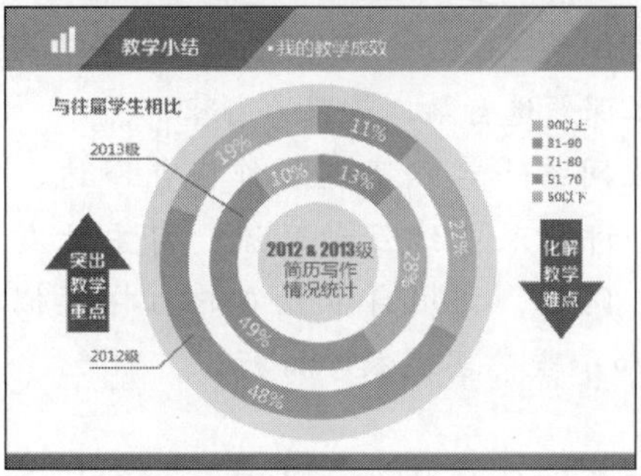

(43)

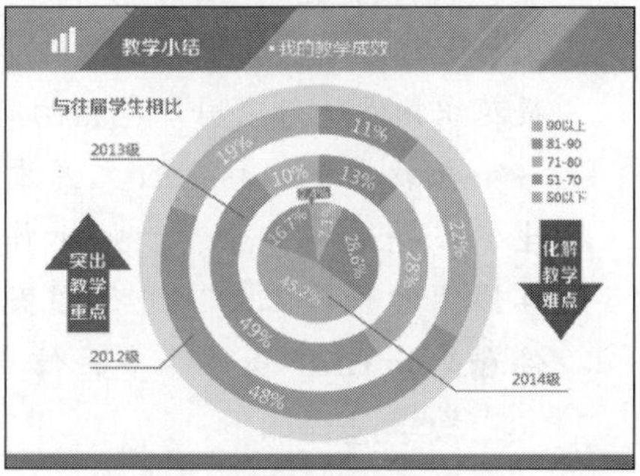

(44)

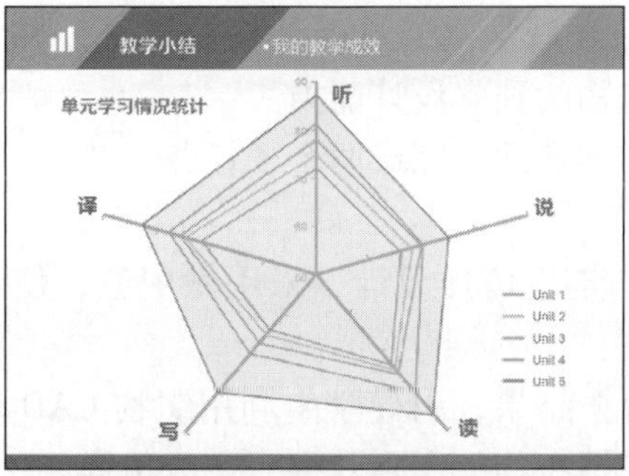

(45)

(46)

(47)

(48)

图 4-2 《求职简历的撰写》课件

4.2.2 案例4.3：《小提花织物模拟设计》

【参考】小提花织物模拟设计.ppt。

《织物结构与设计》是针对高职二年级学生开设的一门理实一体化专业课程。本课程的教学内容是根据《专业教学标准》的教学建议，参考“十二五”规划教材《织物结构与设计》中的章节，重新整合，从简到难分为5个项目进行教学。其中“项目4 联合组织织物”由5个任务组成，任务四“小提花织物设计与应用”包括两次课，本课题选自第二节课的内容。

在教学中，利用自主开发的课程网络平台，实现工作任务下达、学生完成并递交作业、教师对作业检查评价及在线互动交流；自主开发了在线图案设计工具，进行图案设计；同时，利用自主开发的打样模拟软件和织物CAD软件等多种信息资源和手段，实现教学目标。

教学过程如下：

学生在课前完成小提花织物组织分析的基础上，进行企业订单产品的仿样设计和自选图案的自主设计；之后学生通过课外拓展训练，并结合下次课的实物打样，获得小提花织物的独立设计能力。

本次课以学生为主体，教师引导和点评，完成两个子任务。

第一节课，实施子任务一

时间安排顺序是教师辅助引导，学生仿样设计，采用做中教，使学生掌握教学重点。具体实施步骤如下：

第一步，教师展示正确的织物分析结果，引导学生利用织物CAD软件，自主创新，采用不同的配色，模拟织物的实际效果，完成仿样。

第二步，学生利用打样模拟软件模拟织物的生产过程。

第三步，教师提出问题要求学生思考：针对本图案的织物，这些平纹组织点的作用是什么？如果没有这些组织点将会对产品产生怎样的影响？

引导学生利用打样模拟软件对比模拟后发现，去除这些组织点后会导致纬向浮长太长。而这个问题在传统的教学过程中需要通过4～6小时的打样才能清楚地发现。

由此引出了辅助组织点的概念和作用。

第四步，针对本图案，参考企业样品中辅助组织点的添加位置，利用凌波多媒体平台，师生共同探讨，获得了其他几种可行的辅助组织点添加方案。

第五步，在完成子任务一仿样设计的基础上，布置子任务二：学生根据自身兴趣，结合图案的难易程度，从课程平台所提供的6个图案中自主选择1个，独立完成该图案的小提花织物设计，并进行同题互评及交流展示。

第二节课，实施子任务二

时间分配顺序包括整个过程采用了信息化手段，以学生自主创新设计为主，利用做中学，突破教学难点。具体实施环节如下：

- 第一个环节，学生根据选定图案，自主完成该图案的组织图设计。
- 第二个环节，学生利用打样模拟软件，判断辅助组织点的添加位置。
- 第三个环节，学生完成辅助组织点的添加设计，然后用打样模拟软件判断该设计的合理性，并加以修正。
- 第四个环节，学生对同一图案的设计作品进行互评，每一图案推选出一个最佳设计进行展示和交流。教师进行点评：本次交流的6个自主设计的作品中，有4个作品设计合理，另外2个作品存在部分欠缺，教师引导全班共同协作完成修改。

在完成子任务二后，针对本次课程的重难点，学生进行在线测试。

最后，教师布置下次任务：对本次设计的小提花织物进行实物打样。学生在课程平台上观看授课录像，完成相关课前准备和工艺计算。同时鼓励学生利用企业案例和拓展资源，进行任意图案的创新设计，用邮件递交给校外兼职教师审核评价。

附：《小提花织物模拟设计》课件，如图4-3所示。

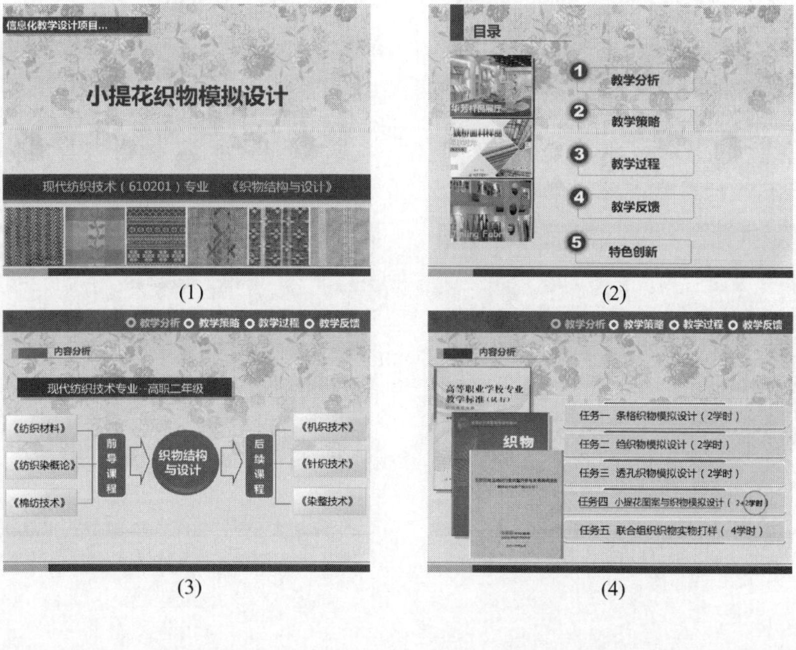

(1) (2) (3) (4)

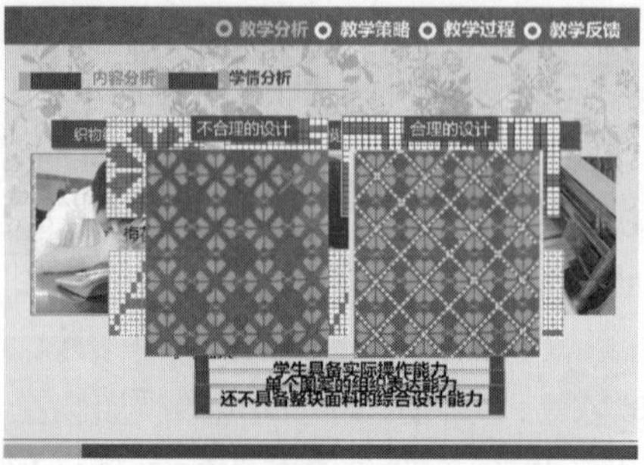

(5)

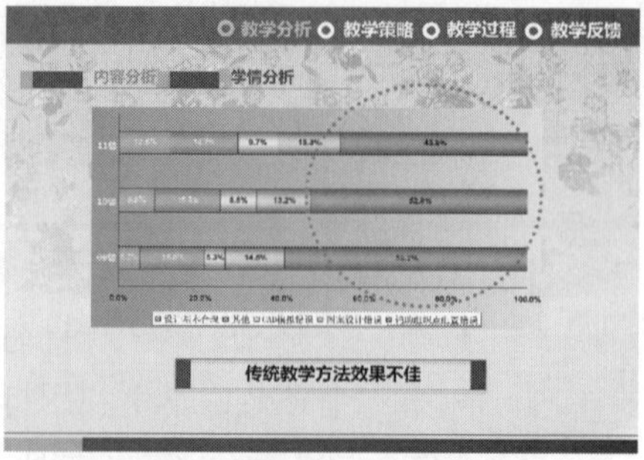

(6)

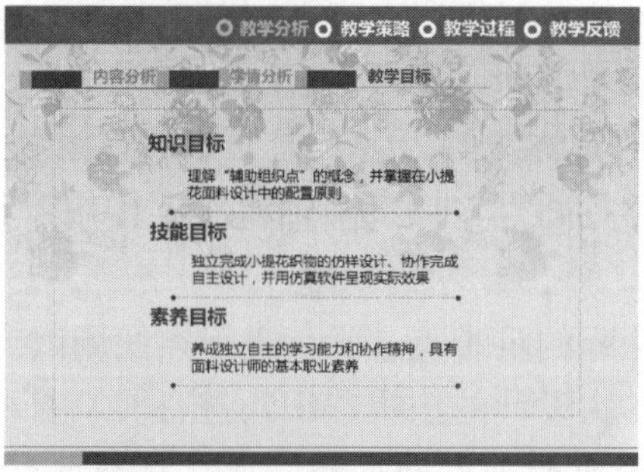

(7)

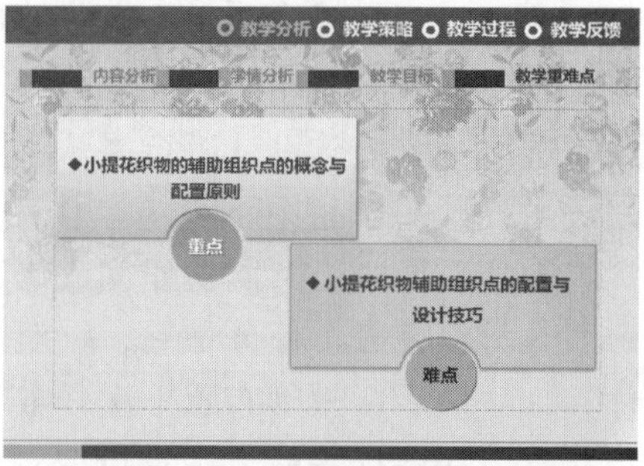

(8)

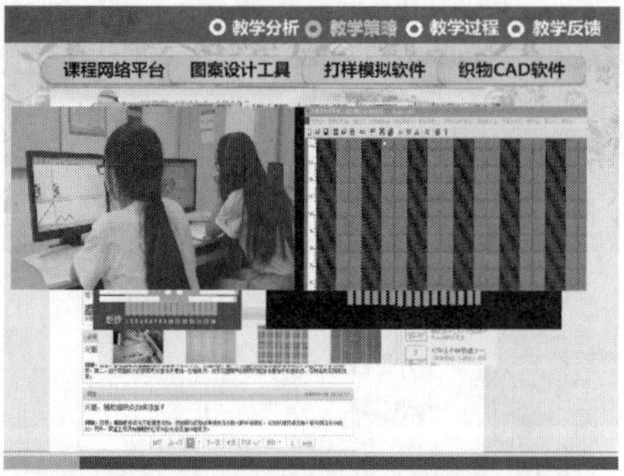

(9)

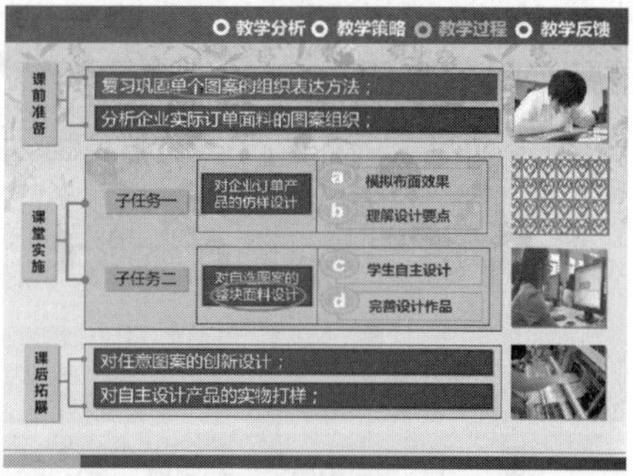

(10)

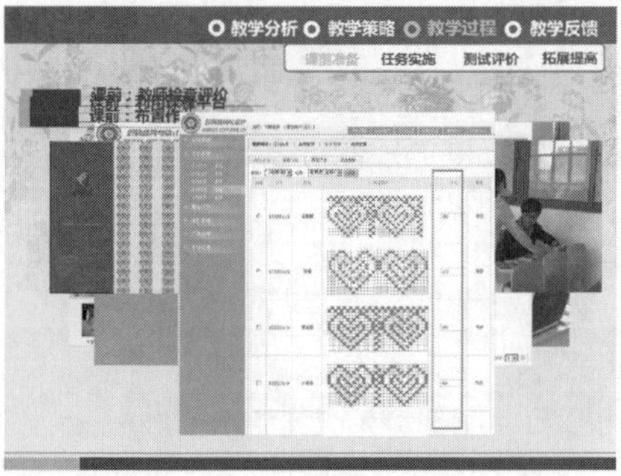

(11)

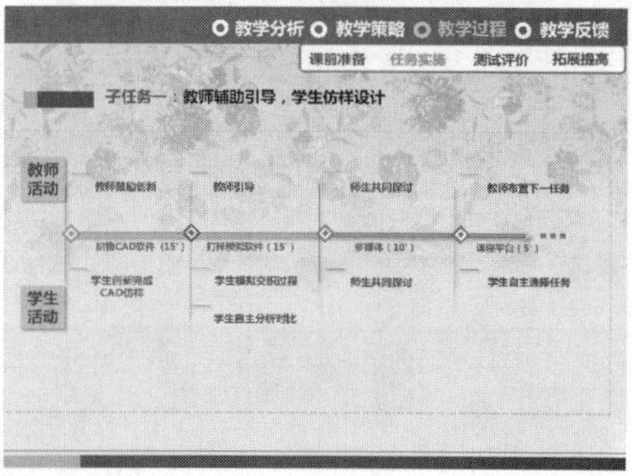

(12)

(13)

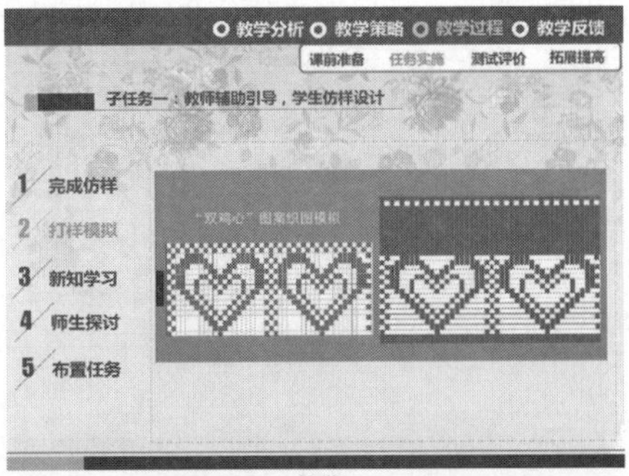

(14)

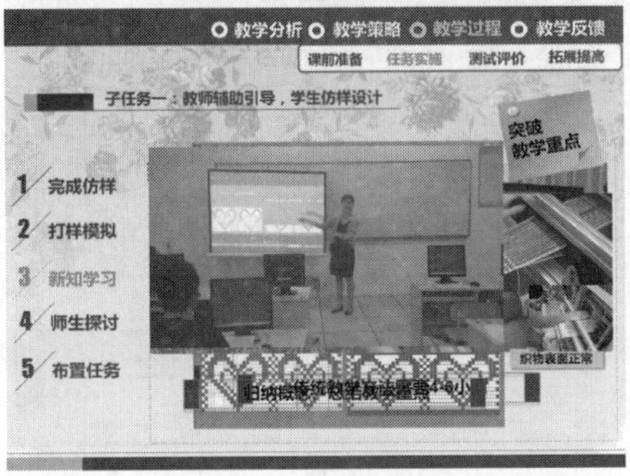

(15)

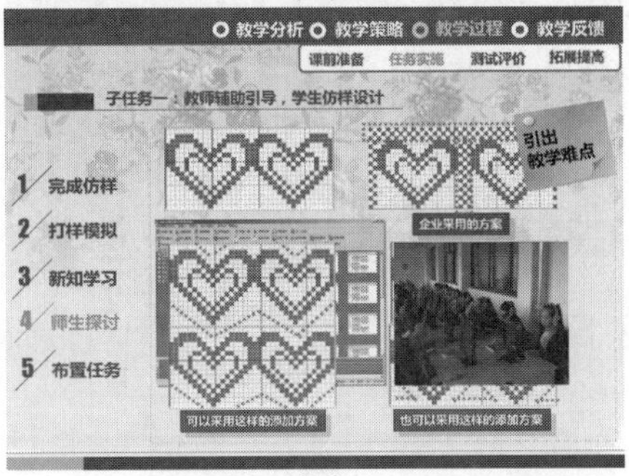

(16)

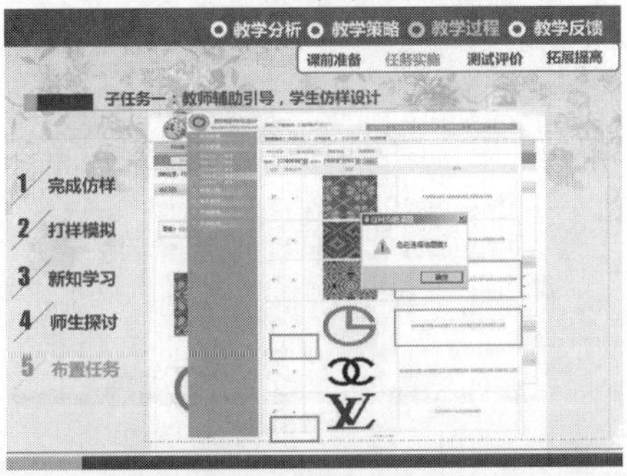

(17)

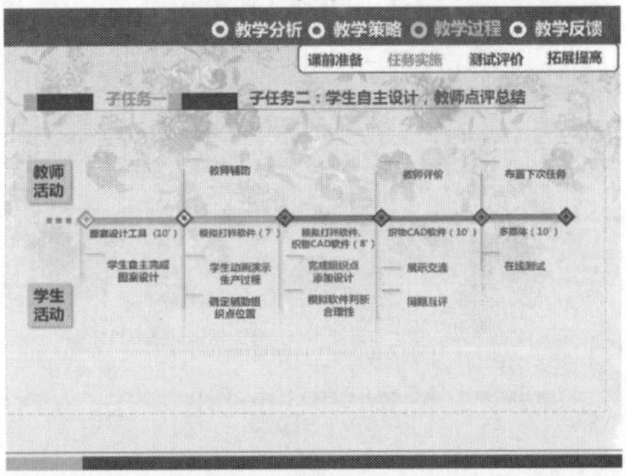

(18)

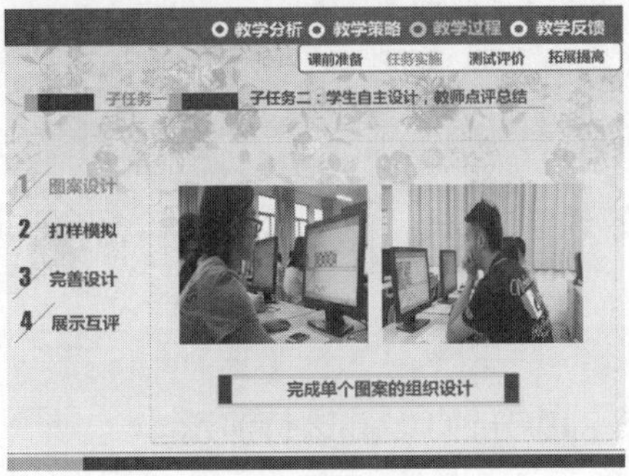

(19)

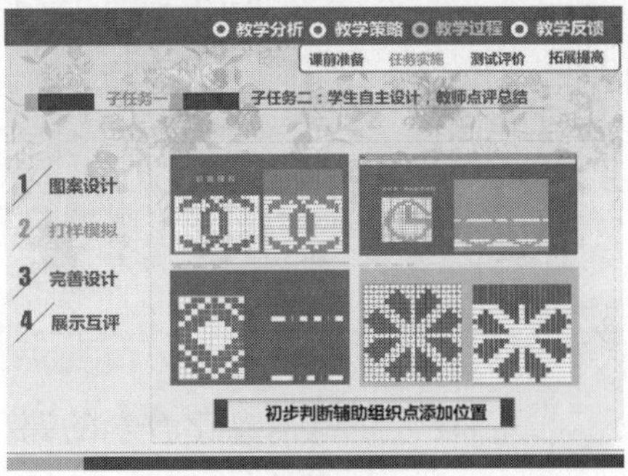

(20)

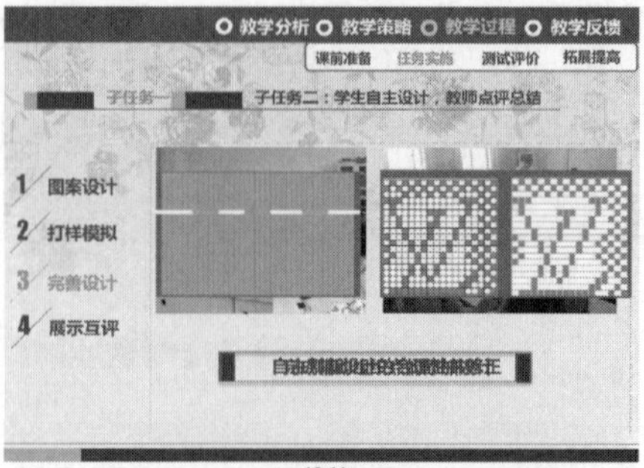

(21)

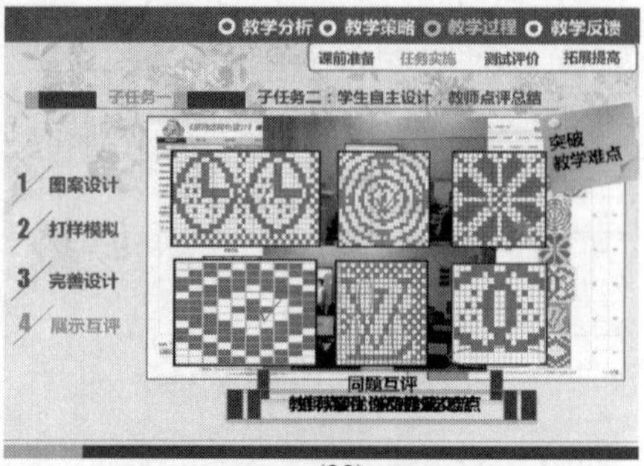

(22)

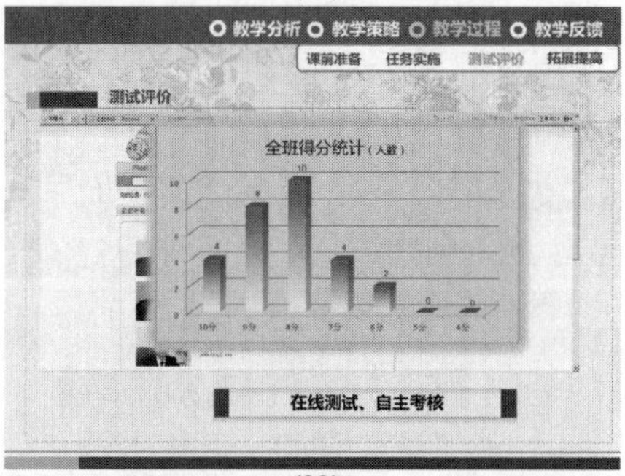

(23)

(24)

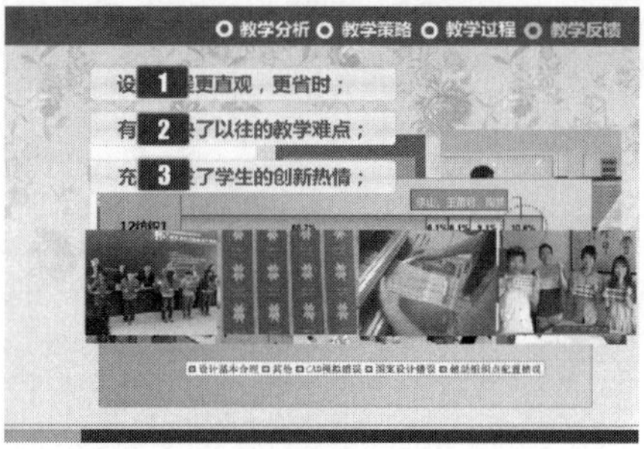

(25)

(26)

图 4-3 《小提花织物模拟设计》课件

课堂训练

讨论案例中运用了哪些信息化的教学方法。

实践任务

设计一堂信息化教学的课程（5 ~ 10 分钟），并进行演示。

拓展阅读

拓展资料：相关网站

（1）全国职业院校信息化教学大赛官网 http://www. nvic. com. cn

（2）高等职业教育教学资源中心 http://www. cchve. com. cn/hep/plugin/gaozhi/index/index. jsp

（3）国家数字化学习资源中心 http://www. nerc. edu. cn/FrontEnd/default. html

4.3 信息化教学前沿案例——英特尔 “未来教室”

学习要点

- 了解“未来教室”的概念。
- 了解信息化教学的前沿发展。

案例 4. 4

英特尔“未来教室”（Intel – Project – Bridge）案例。

情景描述

基于云计算、大数据理念，线下教师主导、家校结合、线上专家指导，采用混合学习模式（项目学习、任务驱动、主题学习、具有实时学习评价、学习监控、远程互动、远程讨论、使用机器学习、虚拟现实、3D 打印等技术），让人心驰神往的线上与线下完美结合的未来课堂，为信息化教学描绘了宏伟蓝图。

完成任务

观看视频：英特尔“未来教室”，思考未来教室教学场景的构成，该项目的教学方式与传统的教学有什么区别？教学分解流程是怎样的？

知识与技能

4.3.1 “未来教室” 概述

基于英特尔“未来教室”（intel - project - bridge）案例，讨论未来教室中信息化的教学方式与传统的教学方式有什么区别?

首先，“未来教室”没有黑板、没有粉笔，取而代之的是大规格全屏或者双屏显示。其次，学生的学习素材从单一的课本变成了人手一台平板计算机，学生学习过程、操作可以进行实时反馈，教师、学生可以随时随地上网获取资源并运行远程协助和远程教研。再次，学生的学习突破教室空间限制，可以从传统的教室衍生到自己的家庭，学习的方式也从较为单一的个人学习更多地上升为团队协作。最后，更多的先进技术开始引入课堂，如3D 打印技术可以为学生工程学习或者实验学习提供帮助。

什么是“未来教室”? 美国的《每日论坛报》（The Daily Tribune）在“Classroom of the future，here，now”一文中指出，未来的课堂是一个学习环境，采用创新的教育活动，从课堂管理到教学的所有方面提高对技术的使用。它能使教学者和学习者成为优越的学习环境的一部分。

《启动学习革命》一书中认为，“未来教室 = 无所不在的学习环境 + 电子书包 + 随意教室 + 远距实验室 + 高互动教室 + 相连教室”。在未来教室里，无处不可以学习，还可以跨班际、校际甚至国际进行交流。

中国的专家陈卫东在其论文中提出，未来教室是相对于传统和现代教室而言，是在以人本主义、互动、环境心理学等相关理论和智能空间、云计算和人体工学等技术的支持下，以互动为核心，以充分发挥课堂组成各要素（人、技术、资源、环境和方法等）的作用，实施教与学，以促进人的认知、技能和情感的学习与发展的教与学的环境活动。

4.3.2 “未来教室” 教学分解

基于英特尔“未来教室”（Intel – Project – Bridge）案例，请思考：教师主要运用的教学方法；师生共有几次课堂学习交流；该教学过程可以分为哪几步骤。

【参考】未来教室分解 . ppt，如图 4–4 所示。

(1)

(2)

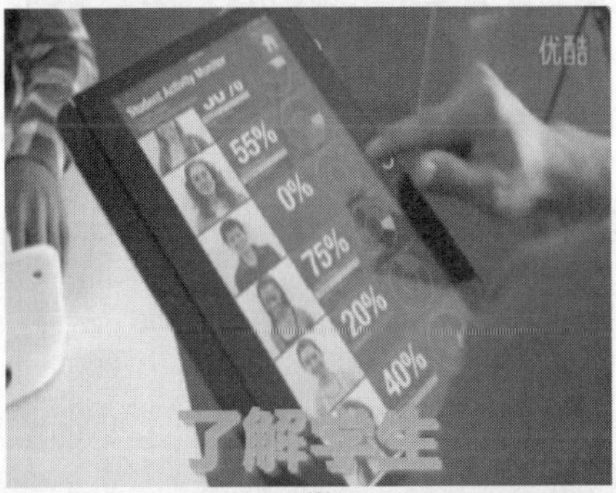

(3)

(4)

(5)

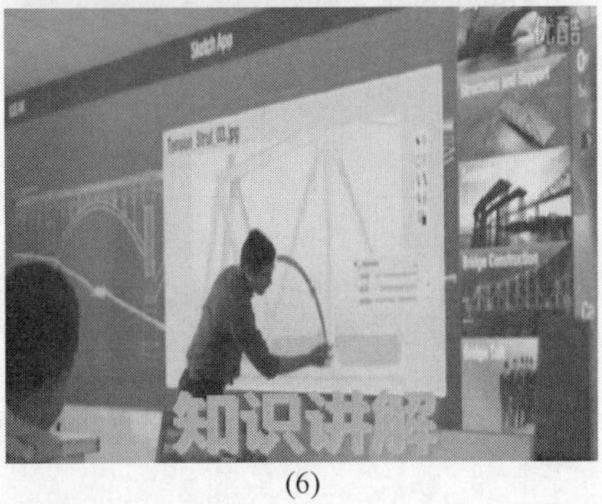

(6)

(7)

(8)

(9)

(10)

(11)

(12)

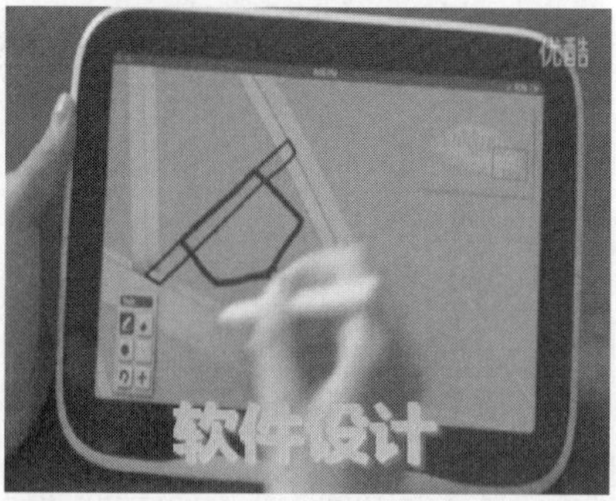

(13)

(14)

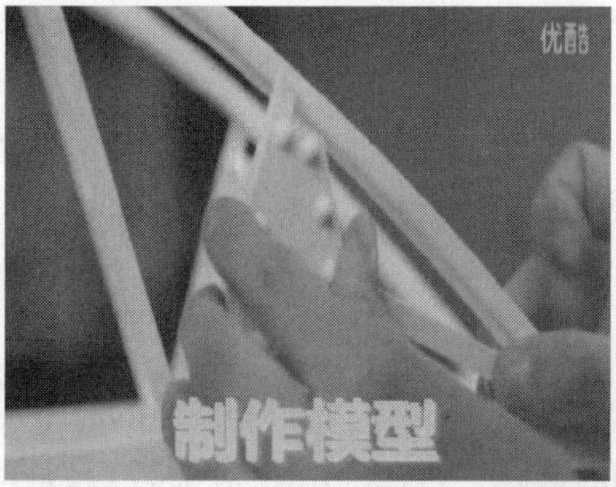

(15)

(16)

(17)

图 4-4　未来教室 . ppt

课堂训练

1. 请为“未来教室”下定义。

2. “未来教室”的教学分解流程有哪些对自己的信息化教学有借鉴作用?

实践任务

1. 结合新技术、新媒体的发展，谈一谈信息技术与课程整合的发展方向。

2. 结合文中提及的信息化教学案例，对照检查自己教学中的问题和不足，并提出改进方案。

拓展阅读

1. 拓展资料（一）：“英特尔未来教育”项目

“英特尔®未来教育（Intel ® Teach to the Future）”项目是英特尔公

司为支持计算机技术在课堂上的有效利用而设计的一个全球性的培训项目。

该项目的目标是对一线的学科教师进行培训，使他们懂得如何促进探究型学习，能够将计算机的使用与现有课程密切结合，最终使得学生能够提高学习成效。

（1）全新的理念

教育所面临的最大挑战不是技术，不是资源，而是教师的思想观念。

原教育部师范教育司司长马立同志说：“英特尔®未来教育以学生为中心、任务驱动、案例教学、资源共享、协作学习等一系列教学思路值得借鉴，我们的教育不再是利用计算机制作课件，而是怎样把信息技术与教育内容、方法、手段有机地整合在一起，实现基于信息技术手段和资源的教学设计”。

（2）项目主旨

- 在课堂中有效地利用计算机技术。
- 重点围绕学生和教师如何利用技术，通过研究和交流以及运用卓有成效的策略与工具来增强学习。
- 强调“动手”的学习方式，参照国家和地方的课程标准来自行创建教学单元计划与评估工具。
- 为学生们提供更多的掌握和使用技术的机会。
- 鼓励教师进行团队合作，结对评审他们的教学单元并共同解决问题。

（3）项目背景

“英特尔®未来教育”项目是建立在1998年及1999年英特尔成功的ACE（Applying Computers in Education，在教学中使用计算机）项目基础上。

（4）培训方式

“英特尔®未来教育”项目通过独特的“培训培训者”、“教师教教师”的模式，将知识传授给更多的教师。

该项目首先对一定数量的主讲教师进行培训，再由每一位主讲教师每年培训一定数量的一线授课教师。培训采用面对面的形式，进行结对交流、动手操作、教学实践的讨论。在培训中，指导教师与受训教师之间有大量的互动交流以达到最佳的培训效果。

① 模块化结构。

模块贯穿三条主线，分别是信息技术的使用、教学计划（教案）的设计和评价工具的使用。

② 实用性目标。

③ 以教法革新为特色。课程在许多方面体现了当代教育教学改革的特点，在以下：信息技术的学科整合、案例教学、合作型学习、研究型学习、反思型学习、资源型学习、面向作品的评价等各方面有显著表现。

④ 以学生为本位。

⑤ 以活动为中心。

结对共享：通常每个模块的第一个活动是结对交流，每二人一组，交流信息，让对方分享自己获得的资料，互相评论个人作品。

教法研讨：针对信息技术课堂应用中遇到的典型问题，进行“头脑风暴”，集思广益，推荐一些有益的解决方案。

信息获取：根据任务需要从多种信息源获取信息，特别是光盘信息源和网络信息源。

电子作品创作与评价：参训教师代表学生创作一些电子作品范例，并选择和设计量规来评估学生作品。

教案修订与评价：参训教师在每一模块都涉及教案修订活动，随着培训过程的进展，他们对信息技术在教学中的作用的认识也日益加深，因此会对教案进行多次修订，并参照教案评估量规进行自我评价和同伴评价。

⑥ 信息化教学设计。

本培训的目的不光是让参训教师学会使用信息技术，更重要的是学会设计以信息技术为支撑的教学过程，让他们的学生充分利用信息技术开展学习活动，例如：

- 专题相关信息的获取与加工。
- 问题解决方法的探索。
- 知识的建构、展示与传播。
- 问题研讨与互动。
- 学习过程的评价等。

2. 拓展资料（二）：相关网站

广东省英特尔－未来教育项目网 http://www. gdift. net/

3. 拓展资料（三）：相关论文、著作

（1）耿淬．高职信息化课程改革的实践研究［J］．中国职业技术教育，2014（05）：83－86.

（2）邵华．微课理念引导的高职课堂教学模式改革研究［J］．成人教育，2014（05）：99－101.

（3）荣标．信息化教学的优势及其对职业教育可持续发展的作用分析［J］．职业教育研究，2014（07）：40－45.

（4）张萍．职业教育的机遇和挑战：大规模开放在线课程［J］．中国成人教育，2014（07）：133－134.

（5）马树超．发展现代职业教育呼唤具有时代特征的新举措［J］．中国职业技术教育，2014（21）：18－22.

（6）王国川．“微课”推动职业教育课程改革［J］．中国培训，2014（10）：38－39.

（7）沈立心．MOOCs 理论下职业教育“网络互动自主学习课程”的理论分析与实践探索［J］．教育评论，2014（10）：45－46.

（8）方顺浩．浅谈职业学校校园教学资源库建设［J］．教育教学论坛，2013（11）：180－181.

（9）陈莉，冀燕丽．中等职业教育数字化教学资源发展的调查分析［J］．北京广播电视大学学报，2013（02）50－53.

（10）高涵，唐智彬．信息化时代高职教育课程改革初探［J］．中国高教研究，2013（09）：107－110.

（11）史重庆．转型期我国职业教育信息化建设的现状、问题及对策［J］．职教通讯，2012（04）：11－14.

（12）陈卫东，叶新东，张际平．智能教室研究现状与未来展望［J］．远程教育杂志，2011（04）：39－45.

第5章

信息化教学评价方案与案例分析

学习要点

- 了解教学评价的定义、功能和分类。
- 了解课堂教学评价基本原则，掌握传统教学评价的方法和信息化教学评价的方法。
- 理解信息技术对教学评价的影响。
- 能根据教学需求，设计信息化教学过程性评价、表现性评价及发展性评价方案并合理综合运用。
- 掌握信息化教学评价方法。

5.1 信息时代的教学评价

学习要点

- 掌握教学评价的概念。
- 了解多种量表式评价标准。
- 了解传统教学评价的方法及其不足。
- 了解信息化教学评价及其常用方法。

情景描述

随着信息技术在教育领域各方面的渗透、融合和发展，其对教学评价的指标和对象也产生了一系列改变。教学评价的目的由学习结果优先渐渐转向注重学生学习表现和学习过程，面对传统教学评价的不足和困境，加以改善和优化，使其适应信息化教学评价的特点和原则，进而发展成为新型、信息化支持的教学评价方法，旨在“以评促教”、“以评促学”，使得当前的教学方法更加全面、更加科学。

完成任务

请描述自己在教学中曾经用到过的哪些教学评价方法及其优缺点。

知识与技能

5.1.1 教学评价概述

宏观意义上的评价指按照一定标准对客体进行价值判断的过程。教学评价是指以教学目标为依据，制定科学的标准或者指标，运用一切有效的技术手段，对教学活动过程及其结果进行测定、衡量，并予以价值判断[①]。由于教学活动是教师教与学生学互动的过程，因此教学评价的出发点要充分考虑到教师的课堂教学质量和学生的学习成效这两个方面。教学评价的实质是从结果和影响两个方面对教学活动予以价值上的判断，前者是目标，而后者是引导教学活动朝预定目标发展的过程。

首先将评价纳入教学过程的是泰勒，他强调了评价对教学的反馈功能。其后随着西方教育改革运动的兴起，评价的改进与调控功能受到人们的关注，教学评价由注重结果转向关心对学生的学习诊断、学习过程的促进与形成。教学评价功能（参见本节拓展资料（一））可以概括为目标导向功能、反馈调节功能、诊断指导功能、强化激励功能、教学功能与心理功能 5 个方面。

根据不同的分类标准，教学评价可以划分成以下不同的类型。

① 按评价基准的不同，可将教学评价分为相对评价、绝对评价和自身评价。

① 高钢铁，王馨，寇海莲．信息技术环境下教学评价的理论与方法［M］．北京：清华大学出版社，2011.

② 按评价在教学活动中发挥作用的不同，可将教学评价分为诊断性评价、形成性评价和总结性评价。

③ 按评价分析方法的不同，可将教学评价分为定性评价和定量评价。

④ 按评价对象的不同，可将教学评价分为面向学习过程的评价和面向学习资源的评价。

5.1.2 传统教学评价的方法与困境

1. 教学评价的基本原则

教学评价原则，是指导教学评价活动的基本原理，是正确处理各种因素关系的规范体系。具体来说，教学评价应贯彻以下原则：

（1）目的性原则

评价目的，是设计和实施教学评价的出发点和最终归宿。教学评价的目的性原则，要求教学活动必须在特定评价目的指导下去实施，并以完成特定教学目标为旨。因此明确评价目的是评价的首要原则，才能从实现目的的需要出发，设定评价目标，选择评价方法，制定评价方案，处理评价结果。

（2）客观性原则

在进行教学评价时应保持客观性原则，要求测量标准、方法以及指标体系的设置都不能以人为意志改变和修改，不同的评价者所持态度，特别是最终的评价结果，都应符合客观实际，不能主观臆断或掺入个人情感。

（3）整体性原则

整体性原则，指在进行教学评价时，要注重组成教学活动的方方面面，要从多角度、全方面对整个教学过程做出评价，切记不能以点带面，以偏概全。

（4）指导性原则

指导性原则，要求在进行教学评价时，不能一味地追求结果评价，而应把评价结果和过程指导结合起来，这样可以使被评价者知晓自己的评价结果，还能通过评价过程了解自己的优缺点，为其以后的发展和优化指明方向。也就是说，要对评价的结果进行认真分析，并针对结果从不同角度查找因果关系，确认结果产生原因，并通过被评价者的信息反改变教师的教学方法，提高学习者的学习效率。对学习者学的过程进行评价，可以了解学习者的学习心得和学习方法，也有利于提高学习者的学习积极性。双管齐下才可以促使教学朝着有利的方向发展。

(3) 评价内容片面化

所谓评价内容片面化是指评价定位于学生的基本知识与基本技能，这属于学习成就方面的评价内容。虽然学习成就是学生评价的一项重要内容。但是，学生评价除学习成就外，还应该包括对学生态度、个性以及兴趣、学习能力、创新精神和实践能力等综合评价。

(4) 评价标准不灵活

传统教学评价没有重视学生发展的多样性和不平衡性，使用统一标准进行评价，这样容易造成对学生评价的片面性，又严重挫伤学生的自尊心。如果根据考试分数来对学生进行评价，分数低的学生将会丧失对学习的自信心，分数高的学生又容易因为高分而不能全面了解自己，看不到自己的薄弱之处。

5.1.3 信息技术对教学评价的影响①

1. 信息技术对教学评价目的的影响

信息技术的飞速发展和广泛应用，使得学校教育转向注重学生学习态度的培养、创新意识和实践能力以及健康的身心品质等多方面的综合发展，为学生的终身学习和发展奠定基础。随着学校教育目的的转变，教学评价的目的也随之发生了变化。

① 教学评价的根本目的是发展。包括学生和教师两种角色的共同发展。

② 信息技术在学生全面发展中的促进作用。包括提供丰富的媒体资源、记录学生的学习过程，为形成性评价提供条件、便于学生之间的学习与借鉴等。

③ 信息技术在促进教师全面发展中的作用。为教师自我反思与自我发展提供条件、多方面对教师评价、信息技术环境下的教师培训为教师发展与成长提供灵活的时间与空间等。

① 高钢铁，王馨，寇海莲．信息技术环境下教学评价的理论与方法［M］．北京：清华大学出版社，2011.

2. 信息技术对教学评价工具的影响

古语云："工欲善其事，必先利其器"。要做好教学评价，必须了解并熟练掌握教学评价工具。在教学过程中使用评价工具旨在提高教学评价效率、增强评价效果及促进教与学的主动性。信息技术延伸了传统评价工具的诸多功能性，增强了传统评价工具的趣味性和多元性，并基于信息技术开发出一系列新的评价工具，如学习契约、电子档案袋、概念地图、范例展示等。

3. 信息技术对教学评价过程的影响

信息技术的发展对教学评价过程产生了巨大的影响，相对于传统的人工处理数据的方式，信息技术支持下的数据处理，更加科学、准确和便捷，使数据的收集、处理、分析融为一体，能够迅速、准确地获得评价信息，增强了教学评价的效度和信度。

4. 信息化教学评价与传统教学评价的比较

传统的教育形式，教师的核心任务是传授知识，掌握着学生获取信息的主要渠道，其结果导致教学必然以教师为中心。而在信息化教学中，教师不再承担着主体的角色，而是作为教学的引导者，通过帮助学生获得、解释、组织和转换大量的信息来促进有效学习以解决实际生活中的问题。换句话说，在信息化教学中，教学形式是以学生为中心，学生承担着自我学习的责任，他们的角色由原来被动的灌输者变成信息的主动接受者，主动进行知识的建构，并将最终被培养成为具有处理信息能力的、独立的终身学习者。

为了达到信息化教育的培养目标，即培养具有处理信息能力的、独立的终身学习者，其教学评价必须要与各种相关的教学要素相适应，从而也必然与传统的教学评价截然不同。

信息化教学评价与传统教学评价主要区别可以概括为以下内容，见表5-1。

表5-1 信息化教学评价与传统教学评价之比较

角　度	传统教学评价	信息化教学评价
评价目的	侧重于评价学习结果，以便给学生定级或分类。为了评价学习结果，传统的评价往往是正规的、判断性的	基于学生表现和过程的，用于评价学生应用知识的能力。关注的重点不再是学到了什么知识，而是在学习过程中获得了什么技能。这时的评价通常是不正规的、建议性的

（4）强化激励功能

评价对教学过程有监督和控制作用，对教师和学生则是一种促进和强化。科学的、合理的教学评价可以调动教师教学工作的积极性，激起学生进行学习的内部动机，使教师和学生都把注意力集中在教学任务的某些重要部分。对于教师来说，适时的客观的教学评价，可以明确教学工作中需努力的方向；对于学生来说，教师的表扬和奖励、学习成绩测验等，可以提高学习的积极性和学习效果。

（5）教学功能和心理功能

评价本身也是一种教学活动，在这种活动中，学生的知识、技能将获得长进，甚至飞跃。教师可以在估计学生水平的前提下，将有关学习内容用测试题的形式呈现，使题目包含某些有意义的启示，让学生自己探索、领悟，获得新的学习经验或达到更高的学习目标。

在心理方面，教学评价不只表现在激发教育者和学习者的动机方面，它对教育者和学习者的自我意识、情绪和意志也有影响。有时某种形式的教学评价，虽对当前的教学活动产生有利的影响，但从长远来看，可能会带来不良的心理影响，而这些评价都是评价者必须认真考虑和慎重对待的。

2. 拓展资料（二）：教学评价的分类

（1）按评价基准分

教学评价可分为相对评价、绝对评价和自我评价。

① 相对评价，是在被评价对象的集合中选取一个或若干个个体为基准，然后把各个评价对象与基准进行比较，确定每个评价对象在集合中所处的相对位置。

为相对评价而进行的测验一般称为常模参照测验。它的试题取样范围广泛，测验成绩表明了学生学习的相对等级。由于所谓的常模实际上近似学生群体的平均水平，所以这种测验的成绩分布符合正态分布规律。

相对评价的优点是容易了解学生的总体表现和学生之间的差异或比较不同群体间学习成绩的优劣。它的缺点是基准会随着群体的不同而发生变化，因而易使评价标准偏离教学目标，不能充分反映教学上的优缺点，为改进教学提供依据。

② 绝对评价，是在被评价对象的集合之外确定一个标准，这个标准被称为客观标准。评价时把评价对象与客观标准进行比较，从而判断其优劣。评价标准一般是教学大纲以及由此确定的评判细则。

为绝对评价而进行的测验一般称为标准参照测验。它的试题取样就是预先规定的教学目标，测验成绩主要表明教学目标的达到程度，所以这种测验的成绩分布通常是偏态的。低分多高分少，为正偏态；低分少高分多，为负偏态。

绝对评价的标准比较客观。如果评价是准确的，那么评价之后每个被评价者都可以明确自己与客观标准的差距，从而可以激励被评价者积极上进。但是绝对评价也有缺点，最主要的缺点是客观标准很难做到客观，容易受评价者的原有经验和主观意愿的影响。

③ 自我评价，既不是在被评价群体之内确立基准，也不是在群体之外确立基准，而是对被评价的个体的过去和现在相比较，或者是对他的若干侧面进行比较。例如，某学生上学期的数学成绩是 70 分，这学期是 80 分，说明他的数学进步了；若该生两个学期的语文成绩排名都在全班前茅，而数学成绩排名在中游，说明他的语文比数学要好些。

自我评价的优点是尊重个性特点，照顾个别差异，通过对个体内部的各个方面进行纵横比较，判断其学习的现状和趋势。但由于被评价者没经过与具有相同条件的其他学生作比较，难以判定他的实际水平和差距，激励功能不明显。因此，在实践中常需把自我评价和相对评价结合起来使用。

（2）按评价功能分

教学评价可分为诊断性评价、形成性评价和总结性评价。

① 诊断性评价，也称教学前评价或前置评价。一般是在某项活动开始之前，为使计划更有效地实施而进行的评价。通过诊断性评价，可以了解学习的准备情况，也可以了解学生学习困难的原因，由此决定对学生的适当对待。

② 形成性评价，是在教学进行过程中，为引导教学前进或使教学更为完善而进行的对学生学习结果的确定。它能及时了解阶段教学的结果和学生学习的进展情况、存在问题等，以便及时反馈，及时调整和改进教学工作。形成性评价进行的较频繁，如一个单元活动结束时的评估、一个章节后的小测验等。形成性评价一般又是绝对评价，即它着重于判断前期工作达到目标的情况。对于提高教学质量来说，重视形成性评价比重视总结性评价更有实际意义。

③ 总结性评价，又称事后评价，一般是在教学活动告一段落时为把握最终的活动成果而进行的评价。例如，学期末或学年末各门学科的考

核、考试，目的是验明学生的学习是否达到了各科教学目标的要求。总结性评价注重的是教与学的结果，借此对被评价者所取得的成绩做出全面鉴定，区分等级，对整个教学方案的有效性做出评定。

上述 3 种类型的评价有着各自的特点，对比情况见表 5-2。

表 5-2　诊断性评价、形成性评价和总结性评价的比较

种　　类	诊断性评价	形成性评价	总结性评价
作用	查明学习准备和不利因素	确定学习效果	评定学业成绩
主要目的	合理安置学生，考虑区别对待，采取补救措施	改进学习过程，调整教学方案	证明学生已达到的水平，预言在后继教学过程中成功的可能性
评价重点	素质	过程	结果
手段	特殊编制的测验学籍档案和观察记录分析	形成性测验、作业、日常观察	考试
测试内容	必要的预备性知识、技能的特定样本，与学生行为有关的生理、心理环境的样本	课题和单元目标样本	课程总教学目标样本
试题难度	较低	依据教学任务而定	中等
分数解释	常模参照、目标参照	目标参照	常模参照
实施时间	课程或学期、学年开始时，教学过程中需要时	每节课或单元教学结束后，经常进行	课程或一段教学过程结束后，一般每学期两次
主要特点	预先判断	前瞻式	总结回顾

（3）按评价分析方法分

教学评价可分为定性评价和定量评价。

① 定性评价，是对评价资料作“质”的分析，是运用分析和综合、比较与分类、归纳和演绎等逻辑分析的方法，对评价所获得的数据、资料进行思维加工。分析的结果有两种：一是描述性材料，数量化水平较低甚至毫无数量概念；另一种是与定量分析相结合而产生的，既包含数量化但以描述性为主的材料。一般情况下定性评价不仅用于对成果或产品的检验分析，更重视对过程和要素相互关系的动态分析。

② 定量评价，则是从“量”的角度，运用统计分析、多元分析等数学方法，在复杂纷乱的评价数据中总结出规律性的结论。由于教学涉及人的因素，各种变量及其相互作用关系是比较复杂的，因此为了提示数据的特征和规律性，定量评价的方向、范围必须由定性评价来规定。

可以说，定性评价和定量评价是密不可分的，两者互为补充，相得益彰，不可片面强调一方面而忽视了另一方面。

（4）按评价对象分

教学评价可分为面向学习过程的评价和面向学习资源的评价。

面向学习过程的评价关心和检查用于达到目标的方法和手段如何。例如，完成某一教学目标，用录像教材好还是用程序化教材好。因此，过程评价往往是在教学过程或教学设计过程进行的，它倾向于完成还需要修改的形成性评价的功能。

面向学习资源的评价关心和检查计划实施后的结果或产品使用中的情况。例如，某录像教材的教学效果或某教学设计方案的实施效果。它倾向于完成总结性评价的功能，但也可提供形成性评价的信息。

3. 拓展资料（三）：教学评价参考

教学评价是一种以教学目标为导向的价值判断过程，因此由于评价对象的不同，评价的标准和评价的方法也不尽相同。依据对“教师教”与“学生学”的侧重点不同，将其分成教师授课质量评价（即课堂教学评价）和学生学业发展的评价（即教学效果评价）。

传统测验、调查、观察及学习契约、量规、范例展示等信息化教学评价的常用方法都是从学生学业成就的评价角度来说的。学生是教学活动中的主体因素，学生学业成就评价是教学评价中最核心、最基本的评价环节。

对教师授课质量进行科学评价，并根据听课学生的习得获得教学的有效信息反馈，从而加以修正和优化，是提高教学质量和效果的重要途径。最常使用的评价方法有量表评价法、分析法和调查法。分析法，通过对教学工作进行定性分析从而评定教师授课质量优劣的方法。调查法，多采用问卷、座谈相结合的方式。量表，则是一种较为精细的数量化方法，在实践中应用广泛。量表法是事先确定好科学、有效的评价指标，并给出每个指标相应的评价等级，将其作为课堂评价标准，评价者根据评价要点对照课堂教学的实际状况，逐项给出相应的等级评定。表 5–3 是北京市中小学课堂教学评价表。

情景描述

电子教室是现代信息技术的产物，也是现代计算机实践教学过程中重要的工具，倡导电子教室与传统教学手段相结合，既能提升学生获取知识的便捷性，又能激发学生的学习兴趣。

完成任务

分析使用“极域”电子教室进行教学评价和使用传统方法进行教学评价有什么不同。

知识与技能

5.2.1 “极域” 电子教室功能介绍

“极域”电子教室系统（参见本节拓展资料（一））是应用于台式机房的多媒体网络课堂教学管理软件。该系统功能强大，能够全面协助教师开展高效的课堂互动教学，实时评测学生课堂学习效果，并提供多样化的班级管理功能，真正实现了个性化自主学习的实践与创新。

全面支持全屏电影及各类多媒体课件广播，能够流畅广播 3DMAX、AUTOCAD、PHOTOSHOP、CORELDRAW、PREMIERE 等各类软件操作过程，满足各类教学需求。图 5-1 展现了极域电子教室强大的广播和教学功能。

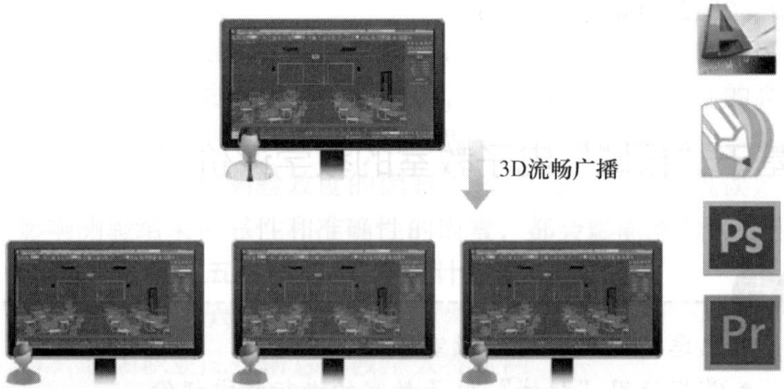

图 5-1 “极域”电子教室强大的广播和教学功能

5.2.2 多样化课堂管理功能

电子点名：通过电子点名，教师机主界面中学生机的名称将会变成学生签到的姓名。电子点名列表可被保存，备以后查看。

班级模型：有单独的管理界面，实现对班级模型的统一管理，并能够导入、导出，调用不同网络教室中的班级模型。

U 盘限制：对 U 盘访问权限的设定（完全开放、只读、只写和完全限制），有效控制学生使用 U 盘，防止资料的流失和病毒的侵入。

上网限制：设定学生访问网站的黑名单或白名单，对学生可以访问的 Internet 站点进行管理。支持多浏览器限制，如 QQ、IE、谷歌、360、遨游等浏览器。

程序限制：通过各种策略的应用，可防止学生在教学过程中打游戏，或使用 QQ、MSN 等聊天工具，支持限制 U 盘、网络映射盘、硬盘虚拟盘、虚拟光盘、内存虚拟盘里的程序。

学生端属性查看：教师可以获取学生端计算机的名称、登录名和其他常用信息，并可以列出学生端的应用程序、进程和进程 ID，教师还可以远程终止学生端的进程。

系统日志：显示和自动保存系统运行过程中的关键事件，包括学生登录登出、资源不足、提交文件等。

黑屏肃静：教师可以对单一、部分、全体学生执行黑屏肃静来禁止其进行任何操作，达到专心听课目的，教师可自定义黑屏的内容与图片。

远程命令：可以进行远程开机、关机、重启等操作，远程关闭所有学生正在执行的应用程序功能。

分组管理：教师可以新建，删除，重命名分组，添加和删除分组中的成员，设置小组长。分组信息随班级模型永久保存，下次上课可以直接使用保存的分组。

图标监看：班级模型中可以显示学生机桌面的缩图。以定期更新，更新的快慢可由教师机程序定制，缩图显示大小也可自由设定。

自动锁屏：独有的断线保护自动锁屏技术，通过网卡的是否激活来锁定屏幕，避免学生拔掉网线违反纪律。

防杀进程：为安全起见，学生端程序运行后，防止学生通过任务管理器结束学生端程序进程来逃脱教师控制。

远程登录：支持 Windows 所有操作系统的远程登录功能。

登录前接收广播：学生在登录 Windows 系统前接收广播。

请求帮助：学生端若遇到问题可请求帮助，教师端可远程遥控帮助学生解决问题。

远程消息：教师与学生能够使用远程消息交流，并可以允许和阻止学生发送文字消息。

远程设置：远程设置学生桌面主题、桌面背景、屏幕保护方案、学生的频道号和音量、学生的卸载密码、是否启用进程保护、断线锁屏、热键退出等。

图 5-2 展现了“极域”电子教室课堂管理界面。

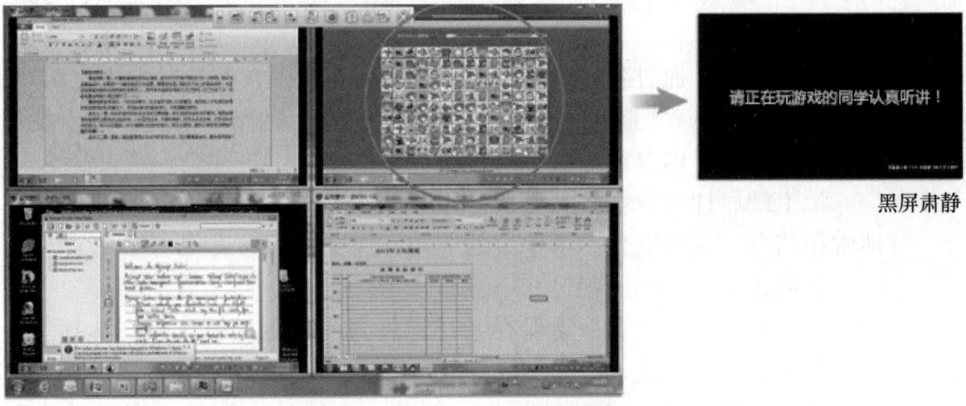

黑屏肃静

远程监控

图 5-2 “极域”电子教室课堂管理界面

5.2.3 实时测评学习效果

屏幕广播：将教师机屏幕和教师讲话实时广播给单一、部分或全体学生，可选择全屏或窗口方式。窗口模式下或教师机与学生机分辨率不同情况下，学生机可以以不同的窗口方式接收广播；教师根据需要选择屏幕的某个部分广播给学生，给教师留有一定的私人空间。

屏幕广播速度增强：屏幕广播时支持多种画面质量的调节，根据网络的不同选择最好的效果进行教学。

屏幕笔：教师教学使用的辅助工具，突出显示项目、添加注释和添加批注等等。

网络影院：脱机工作，以便教师在课前确认准备的片源是否可用；支持暂挂功能，记忆播放进度，以便教师下节课自动从上次暂停的地方继续播放。

投影广播：直接将教师自带便携式计算机的内容广播给学生，并将教师在便携式计算机上的操作全部录制。

视频直播：通过 USB 摄像头将教师的画面实时广播到学生机，达到更形象的教学效果，具有引导客户选择视频设备的提示画面，以便客户快速完成摄像头设备的设置。

语音广播：将教师机麦克风或其他输入设备（如磁带、CD）的声音广播给学生，教学过程中，可以请任何一位已登录的学生发言，其他学生和教师收听该学生发言。

语音对讲：教师可以选择任意一名已登录学生与其进行双向语音交谈，除教师和此学生外，其他学生不会受到干扰，可以动态切换对讲对象。

学生演示：教师可选定一台学生机作为示范，由此学生代替教师进行示范教学。

分组教学：教师分派组长执行指定的功能，组长代替教师进行小组教学，小组不需要再临时创建，可以直接使用即有分组信息，教师可以监控每个分组的教学过程，以了解分组教学的进度。

分组讨论：教师可以创建多个小组进行讨论活动，并可任意选择分组加入讨论活动。同组师生支持多种方式进行交流，包括文字、表情和图片等。

屏幕录制：教师机可以将本地的操作和讲解过程录制为 ASF 录像文件，可以用 Windows 自带的 Media Player 直接播放。

学生端屏幕录制、回放：学生端接收教师端广播的时候可以自动录制教师机广播教学的过程，课后可以重复观看学习。

文件分发：允许教师将教师机不同盘符中的目录或文件一起发送至学生机的某目录下。目录不存在自动新建此目录；盘符不存在或路径非法不允许分发；文件已存在选择自动覆盖或保留原始文件。

文件收集：教师可以收取学生固定目录下的文件，收集目录支持预定义的宏目录，收集文件支持后缀名过滤。

作业提交：学生把做好的作业直接提交到教师机，方便教师批改作业要收取的麻烦。通过特殊设置，学生提交作业时必须经过教师审批通过后才可提交，教师可以选择接收和拒绝学生提交的文件。并且教师可以限制学生提交文件的数目和大小。

网络快照：教师可以在监控学生的时候，对学生画面拍快照，保存学生画面的截图。

屏幕监视：教师机可以监视单一、部分、全体学生机的屏幕，教师机每屏可监视多个学生屏幕（最多 16 个）。可以控制教师机监控的同屏幕各窗口间、屏幕与屏幕间的切换速度。可手动或自动循环监视。

多频道教学：支持多达 32 个频道的划分，一个教师可对单个班级或多个班级同时上课；多个教师可同时对多个班级进行不同内容的教学。

5.2.4 全面的教学评测功能

试卷编辑：教师能够在家中编辑试题，试题类型支持单选、多选、判断、简答，可插入图片，设置试卷名称、教师名称、班级、考试时间和总分。

开始考试：教师将试卷分发给学生即可开始考试，考试过程中教师如有问题补充，可暂停考试，在特殊情况下，可以暂挂考试，下次启动系统后可继续考试；考试过程中如有断电、关机等意外情况学生机可断线重连，考试结束后学生可提交或时间到自动提交。

阅卷评分：收取的试卷系统可自动评分，教师添加批注，查看柱状图显示的考试统计结果，并能够将评分结果以网页形式发送给相应的学生。

随堂小考：教师启动快速的单题考试（可在试题中添加图片）或随堂调查，限定考试时间，学生答题后立即给出结果，结果显示学生答案柱状图分析和答题时间，可作抢答依据。

试卷编辑方便快捷，支持选择、判断、论述各类题型；考试测验及时灵活，所有客观试题支持自阅评分；自动统计分析考试结果并及时反馈给学生。

图 5-3 展现了“极域”电子教室全面的教学评测功能。

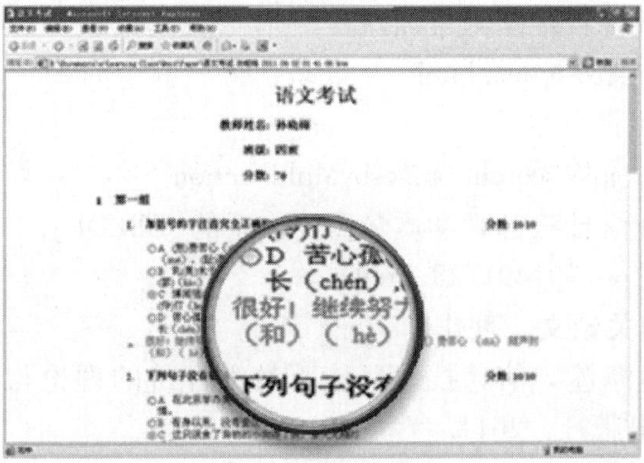

考试测验

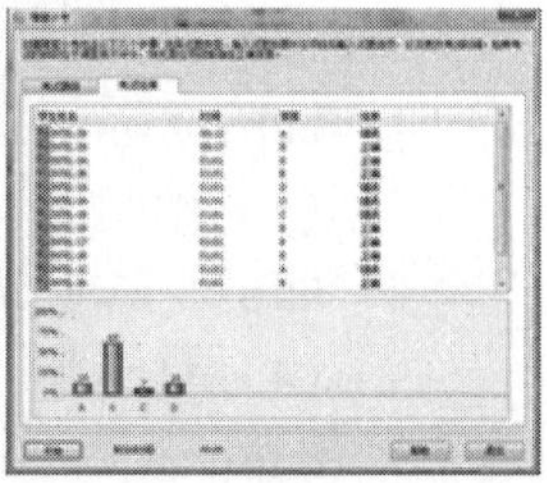

统计分析结果

图 5-3 “极域”电子教室全面的教学评测功能

5.2.5 分析教学评价结果

基于“极域”电子教室多样化课堂管理功能及实时测评、全面评测结果的反馈情况，分析教学设计的整个环节是否合理，以及需要如何完善。

课堂训练

下载“极域”电子教室软件，分小组体验“极域”电子教室多样化课堂管理、实时测评学习效果及全面的教学评测功能。

实践任务

1. 掌握“极域”电子教室的各项功能。

2. 归纳总结日常教学中运用信息技术手段评价课堂教学质量和学生学习效果的方法，反思自己在实施教学评价时存在的一些问题。

拓展阅读

1. 拓展资料（一）：“极域”电子教室 2014 版快速上手指南 . ppt

2. 拓展资料（二）：相关网站

（1）全国职业院校信息化教学大赛官网 http://www.nvic.com.cn

（2）全国中小学教师教育技术能力培训课程

http://www.kyedu.net/jspx/index.html

（3）中国大学 MOOC 资源共享课

http://www.icourses.cn/jpk/searchCoursesbyMulti.action

（4）吴必尊．中等职业学校教师教学质量监控体系的[EB/OL].

http://www.docin.com/p-301491128.html.

3. 拓展资料（三）：相关论文、著作

（1）高钢铁，王馨，寇海莲．信息技术环境下教学评价的理论与方法［M］．北京：清华大学出版社，2011.

（2）刘洋，兰聪花，马炅．电子档案袋评价与传统教学评价的比较研究［J］．电化教育研究，2012（02）：75-77.

5.3 基于大数据的教学评价

学习要点

- 掌握“大数据”的概念。
- 熟悉基于大数据的教学评价优势及要素。
- 掌握基于大数据的教学评价方法。

案例 5.1

观看视频“案例分析－大数据小隐私”。

情景描述

大数据的英文表述是 Big Data，意思是“海量数据”。对数据的处理包括很多方面，有收集、整理、分类、存储、分析、预测和输送等。在数据由量变到质变的过程中，对社会各领域产生了巨大的影响和价值。在高等教育发展的过程中，数据始终与之相依相伴，并且随着信息化进程在高等教育领域的推进，海量数据也自然而然地堆积于高等教育之中。面对教育信息化所产生的海量数据，如何让大数据为高等教育的创新和发展发挥革命性的影响，促进高等教育质量的提升，同时为高等教育普及化、个性化的实现提供强有力的支撑，是人们研究的课题。

完成任务

分析大数据和高等教育的实质关系，以及通过信息化的工具和手术手段来对教学效果进行精准评价。

知识与技能

5.3.1 大数据概述

关于大数据的含义，可以说是仁者见仁。维基百科将大数据定义为：巨量数据、海量数据、大资料，指的是所涉及的数据量规模巨大到无法通过人工，在合理时间内达到截取、管理、处理、并整理成为人类所能解读的信息。大数据究其根本来说是信息技术发展新阶段的一个必然产物。大数据的特点可以概括为 5 个 V：数据量大（Volume）、速度快（Velocity）、类型多（Variety）、Value（价值）、真实性（Veracity）。

大数据并不是一个单纯描述数据数量之巨大的概念，而是意味着数据来源的多样化、数据类型的多元化以及在数据处理与分析层面的大容量与高速度。更为重要的是，大数据立足于对大量数据的深度挖掘与科学分析寻求数据背后的隐含关系与价值，使得人们可以从基于小样本数据的推测或基于感性的偏好性选择转向基于数据分析与理性证据的决策，可见大数据在本质上已经转化为一种新的思维方式、一种新的问题解决方法。近年来，大数据的应用受到了各行各业的重视，尤其在教育领域亦是如此，越来越多的教育机构与教育工作人员以及研究者开始关注大数据在教育教学改革与发展尤其是教育评价中的应用价值。

近两年，国内外很多学者和教育机构开始大力推进数据在教育评价中的应用，认为数据可以为不同层次、不同目标指向的教育评价（例如，对省市县级和学校整体教育质量与进展的评价，对教师教学质量与教学能力的评价，对学生学习绩效与学习发展水平的评价）提供直接、直观、可靠的依据，帮助教育决策者、管理者、教师以及家长全面而客观地了解教育的发展现状、趋势以及改进方向，帮助科学评价学生学习成果与也可以利用数据分析哪些学生更适合在一起进行小组学习，分析怎样分组才更合理。对于那些有学习困难的学生，通过对大数据的利用，可以分析出学生在什么环节、什么类型内容学习方面存在问题，分析哪些因素可能在影响学生的学习，这样便于给出适当的学习支持与干预。

5.3.3 基于大数据教学评价的要素分析

通过文献调研，基于大数据的教学评价模型可以定位于 4 个要素，包括课程内容学习评价、参与互动交流分析评价、考试与学习作品评价和课外资源学习评价，评价过程涉及学生的正式学习和非正式学习，评价内容包括学科知识评价和非学科知识评价，评价方法涉及定量评价和定性分析。①

1. 课程内容学习评价

课程内容学习评价主要是对学习者通过学习管理系统学习过的单元知识点内容进行评价，它包括交互式电子教材学习和微课程学习，该类学习行为数据评价信息由个性化评价系统中的课程内容学习数据库进行记录和分析。在电子教材学习模块中，对学习者评价的信息点包括学习时长、学习过的知识点、知识点学习次数和学习笔记内容等。在微课程学习模块中，主要对微视频的学习时间、微视频中各类学习交互的完成情况以及视频点播次数进行评价。

2. 参与互动交流分析评价

参与互动交流分析评价主要是对学习者在课堂上的答疑情况以及课外的互动交流进行分析评价，它包括参与互动答疑和参与学习社区，这一块学习行为数据评价信息由个性化评价系统中的互动交流数据库进行记录和分析。在互动答疑模块中，对学习者评价的信息点包括学生在答疑室中发布和回答的问题数、回复追问的问题数，以及通过评判获得的精选问题数和高质量回答数。在学习社区模块中，主要是对学习者参与交流主题的数量、发帖和回帖数以及获得的精华帖数进行评价。

3. 考试与学习作品评价

考试与学习作品评价主要是对学生平时进行的单元练习和考试进行

① 牟智佳. 电子书包中基于教育大数据的个性化学习评价模型与系统设计［J］. 远程教育杂志，2014（05）.

测评以及对学生在课下开展基于项目的学习所生成的学习作品进行评估，它包括课程考试评价和学习作品评价，此类学习行为数据评价信息由个性化评价系统中的考试与作品数据库进行记录和分析。在测评与考试模块中，对学习者评价的信息点包括学生在作业练习和考试中的客观题得分和主观题得分，其中客观题评价部分包括学生正确知识点和错误知识点的统计以及题目难度，而主观题部分主要评阅学生的知识群得分和内容完整度。作品评价模块分为个人作品评价和小组作品评价，其中个人作品部分主要是对学生的作品表现和内容设计进行评价，而在小组作品中则对学生的任务参与度、成果贡献度、问题解决以及成员之间的协作交流等方面进行评价，即不仅对学生的学科知识进行评价而且还要对学生的程序性知识进行评估。

4. 课外资源学习评价

课外资源学习评价主要是对学习者在非正式学习过程中所学习的课程拓展资源进行评价，它包括数字课程学习评价和在线资源学习评价，这部分学习行为数据评价信息是由个性化评价系统中的课外资源学习数据库进行记录和分析。在数字课程学习评价模块中，对学习者评价的信息点包括学生学习过的文本类课程知识点、点播的视频课程以及在线题目练习结果。而在线资源学习分为在线阅读和资源下载，其中在线阅读部分主要是对学习者查阅网络学习文档的浏览数和点评数进行评价，资源下载部分是对学习资源的浏览数、收藏数和下载数进行评价。

5.3.4 如何获取教学评价中的大数据

大数据的获取主要来自数据捕获、多感知数据和实时传感数据 3 个范畴，其获取方式和软件支持见表 5–9。

表 5–9　大数据的获取范畴、获取方式和软件支持①

获 取 范 畴	获 取 方 式	软 件 支 持
数据捕获	键盘记录器、鼠标点击流、触屏捕获器	监控软件、网站追踪、移动终端应用

① 牟智佳．电子书包中基于教育大数据的个性化学习评价模型与系统设计［J］．远程教育杂志，2014（05）．

要求综合运用多种信息技术支撑的评价方法。

拓展阅读

1. 拓展资料（一）：相关网站

（1）全国职业院校信息化教学大赛官网 http://www.nvic.com.cn

（2）教育信息化 http://www.edu.cn/info/

2. 拓展资料（二）：相关论文、著作

（1）丹奈尔·D·史蒂文斯，安东尼娅·J. 利维 著，陈定刚 译，评价量表：快捷有效的教学评价工具［M］. 2 版. 广州：华南理工大学出版社，2014.

（2）赵伟. 大数据在中国［M］. 南京：江苏文艺出版社，2014.

（3）南纪稳. 量化教学评价与质性教学评价的比较分析［J］. 当代教师教育，2013（01）：89－92.

（4）高进军. 高职项目化课程教学评价体系建设探索［J］. 中国职业技术教育，2010（05）：53－54.

（5）胡晓玲. 信息化教学有效性解读［J］. 中国电化教育，2012（05）：33－37.

（6）王金岗，李玉香. 高职顶岗实习有效教学评价的研究与实践［J］. 职业技术教育，2010（23）：57－60.

（7）牟智佳. 电子书包中基于教育大数据的个性化学习评价模型与系统设计［J］. 远程教育杂志，2014（05）：90－96.

（8）郑燕林，柳海民. 大数据在美国教育评价中的应用路径分析［J］. 中国电化教育，2015（07）：25-31.

（9）詹姆斯·波帕姆 著，王本陆，赵婧 译. 教师课堂教学评价指南［M］. 5 版. 重庆：重庆大学出版社，2010.

（10）贾同. 大数据对高等教育发展的推动研究［D］. 重庆：西南大学，2015.

（11）陈雪强. 大数据：教学评价模式的信息化探寻［J］. 教育导刊，2015（06）：82－85.

（12）韩锡斌，葛文双等. MOOC 平台与典型网络教学平台的比较研究［J］. 中国电化教育，2014（1）：61－68.

（13）祝智庭，贺斌. 智慧教育：教育信息化的新境界［J］. 电化教育研究，2012（12）：5-13.